马化腾与腾讯

（汉英双语）

冷湖　著

[澳] Declan Fry　译

中国出版集团
中 译 出 版 社

图书在版编目（CIP）数据

马化腾与腾讯 : 汉英对照 / 冷湖著 ; (澳) 傅绍伦(Declan Fry) 译. -- 北京 : 中译出版社, 2018.2
(中国著名企业家与企业丛书)
ISBN 978-7-5001-5560-7

Ⅰ. ①马… Ⅱ. ①冷… ②傅… Ⅲ. ①马化腾-生平事迹-汉、英②网络公司-企业管理-经验-中国-汉、英 Ⅳ. ①K825.38②F279.244.4

中国版本图书馆CIP数据核字(2018)第032946号

出版发行 / 中译出版社
地　　址 / 北京市西城区车公庄大街甲4号物华大厦六层
电　　话 / （010）68359376，68359827（发行部）68358224（编辑部）
邮　　编 / 100044
传　　真 / （010）68357870
电子邮箱 / book@ctph.com.cn
网　　址 / http: // www.ctph.com.cn

出 版 人 / 张高里
策划编辑 / 刘永淳　范　伟
责任编辑 / 范　伟　张孟桥
封面设计 / Myriam El Jerari　Caroline Li　胡小慧
排　　版 / 孙艳武
印　　刷 / 保定市中画美凯印刷有限公司
经　　销 / 新华书店

规　　格 / 650毫米×920毫米 1/16
印　　张 / 21.75
字　　数 / 350千字
版　　次 / 2018年2月第一版
印　　次 / 2018年2月第一次

ISBN 978-7-5001-5560-7　　　　定价：70.00元

目　录

序　言

什么是互联网？互联网能带给我们什么？互联网说复杂也复杂，说简单也简单。复杂是因为它代表着一种技术革命和文化革命的双生体；简单是因为只要你抓住一个点，就能在互联网的世界中找到出路。

对于QQ而言，马化腾抓住了一个点：沟通。沟通是QQ存在的精髓，也让QQ成为人们生活中不可或缺的一部分。QQ让人与人之间从传统的书信、电话交流过渡到了网络交流；让无数用户在指间跃动之下，就能充分地感受到网络交流的畅快和魅力。马化腾带着他的"小企鹅"，在中国互联网的大地上创造了体验经济的奇迹。

毫无疑问，马化腾是中国最早一批"网虫"的典范，也是代表中国新经济时代的一批人，他们适逢改革和发展的交汇时期，所以被赋予了浓厚的创新精神。加上他们扎实的技术功底，能够让他们头脑中的幻想转化成为现实。从某个角度看，中国的互联网时代预示着一种骑士精神，以视死如归的勇气去追逐荣誉和梦想。

毋庸置疑，马化腾打造的"QQ王国"，让人们的社交观念、生活观念发生了重大的转变，让人们刷新了原有的人际关系认知，在一个新的虚拟社交空间中展示自我、了解他人和彼此联动，让原本单调、传统的社交方式变得更加低成本化和高效率化，实现了用一个小小的软件连通整个世界。

当沟通变成一种习惯，当交流演化为一种新的形式，那么真正的获利者并非是腾讯，也不是用户，而是整个互联网时代的"齿轮"。它将在"沟通"这一润滑剂的作用下飞速运转，引领着人们投入到更进步、更具有颠覆性的时代浪潮中。

第一章

最有商业范儿的工程师

不当天文学家了

马化腾生于广东汕头，却长在海南。正是海南的璀璨星空让少年小马哥在仰望它的时候，勾起了对未知世界的无限遐想。

因为对星空的痴迷和热爱，马化腾迫切想要一台专业的天文望远镜。起初家里没有答应，马化腾自己也知道这个要求有点过分，最后只得在日记里写下一句话发泄：“父母的做法，很可能会扼杀一位天文学家。”后来，马化腾的母亲无意中看到了儿子的日记，便拿出积蓄给他买了一台望远镜。

得到望远镜的马化腾从此如痴如醉地观察着天象。若干年以后，有人问马化腾，你最自豪的事情是什么？马化腾认真地回答说，他在1986年拍到了哈雷彗星，还得了几十块钱的奖金。

关于马化腾的父母，这里不得不说两句。马化腾的父亲马陈术，是南下干部，曾经担任过交通部海南八所港务局的会计，人生最高的职务大概是深圳盐田港上市公司的董事。此外，马陈术和李嘉诚还是老乡，李嘉诚的香港盈科也曾经给腾讯做过风险投资，所以大家都认为，马化腾从父亲的人脉中借了不少力。

其实，现在我们能看到的最直接的帮助，是马陈术在腾讯刚成立的时候给儿子做账，其他的大概就是对小马哥的言传身教了……

不光是马陈术教子有方，马化腾的母亲黄惠卿也被认为是小马哥成功背后的“另一个女人”，这大概是因为黄惠卿长时间出任腾讯的法人代表。对此，马化腾曾经很无奈地表示，这是因为当时创办公司的法人代表必须是待业或退休人员，因此才将老妈“拉下了水”。

言归正传。

1984年，13岁的马化腾跟着父母定居深圳，在最好的深圳中学读书。

在满城都贴着“时间就是金钱，效率就是生命”大标语的环境下，马化腾逐渐被熏陶出了一种实干精神，他尚未定型的个性和思想也跟着这座中国最年轻的城市一起成长。也许是对深圳有着割舍不了的感情，马化腾高考时，就近上了深圳大学。

按理说，痴迷天文的马化腾应该选择天文学专业，可马化腾偏偏“背叛”了他的理想。原来，随着年龄的增长，马化腾在遥望星空之余，发现天文学距离现实还是太远。所以，马化腾坚定地选择了计算机专业——他的另一个爱好。

计算机和天文有个共同的特点，即都是对未知世界的探索。这让马化腾胸中积攒的好奇心总算有了用武之地。

深圳大学的四年时光，让马化腾掌握了过硬的专业知识，年轻的他已然是一个优秀的计算机人才。而这位小马哥的毕业作品居然是一个超级实用的大家伙——“股票分析系统”。正是凭借这个重量级的作品，马化腾顺利毕业，拿到了学士学位。

很快，一家网络公司看中了马化腾的作品，表示要出资购买；那家公司付给了马化腾5万元！这在当时可是一笔巨款。

别看马化腾赚到了人生的第一桶金，但他并没有妄自尊大，经过一番分析和权衡之后，马化腾决定先安心当一个打工仔，先积累经验再做定夺。

马化腾的不骄不躁和不紧不慢，避免了他在人生的第一个岔路口走弯路，也顺水推舟地成就了他日后的飞黄腾达。如果仔细剖析小马哥的人生规划，我们看到的是一个稳扎稳打的企业编年史：马化腾总是能脚踏实地，从实际出发，给自己谋划一个明朗但充满悬念、稳妥又夹杂传奇的未来。

“马站”，梦想起飞地

1993年，马化腾从深圳大学计算机系计算机专业毕业。

马化腾毕业后来到了润迅通信发展有限公司，成为一名软件工程师。润迅成立于1992年，主营传呼业务。它凭借着“市场主导，技术先行”的理念，推出了几款小有名气的产品，很快打开了市场。那时候润迅的广告语“一呼天下应”红遍大江南北。

1995–1998年，“润迅神话”写到了最高潮。虽然马化腾在润迅是个名不见经传的小人物，但乘着公司这艘乘风破浪的快艇，小马哥的视野也逐渐开阔，无论是看问题的高度还是角度，都比不少同行超前一步。

润迅给马化腾最大的帮助有两个。

第一，给了马化腾在管理上的一次思想启蒙。在润迅，马化腾学会了如何构建和治理一家大规模的公司，学会了如何在一个新兴市场中争夺属于自己的产业份额，学会了如何跟香港的资本市场互动（香港润迅是香港的上市公司）。

第二，给马化腾带来了腾讯最早的客户资源。在马化腾刚开始创办腾讯时，最初的产品就是给传呼台做配套服务。由于小马哥曾经在全国最有名的传呼公司工作过，所以他在各地传呼台积累了一些人脉，这让他在创业之初走得比别人顺了很多。

在润迅，马化腾对开发软件有了全新的认识。他发现软件的最大意义不是它如何绚丽夺目，而是它是否实用。因此，马化腾在做软件的时候，不会把这种创造性劳动当成自娱自乐，他希望被更多的人接受。

在润迅，马化腾整天面对着计算机和各种程序，却没有丝毫的厌倦。他越是频繁地接触计算机，对它的兴趣越是与日俱增。就这样，他的专业知识越来越丰富，他的名气和口碑也在圈子里传开了。

当马化腾在润迅工作到第三个年头时，他开始“不务正业”了，这个“副业”就是当时炙手可热的惠多网。

中国惠多网（Chinese fidonet，CFido）诞生于1991年，最盛行的时期是1993—1998年。它是一种通过电话线路连接的BBS互联网网络，网络之间通过点对点的方式转送信件。惠多网是由中国计算机网络通信爱好者自行创立并维持运作的一个业余网络系统。

作为资深计算机爱好者，马化腾也对惠多网产生了浓厚的兴趣，为此他利用半年的时间进行摸索，最后决定在深圳成立一个分站。1995年，马化腾扯出了四条电话线，弄来八台计算机，将深圳分站建立起来了，给它命名为“Ponysoft”(Pony是马化腾的英文名字)。

马化腾一边忙着照顾Ponysoft，一边还要做好润迅的工作；不过他的工作重心开始渐渐转移到惠多网上，因为上面聚集了越来越多的高端互联网人才，他可以从这些人处获得很多前沿信息。

甘于蛰伏，敢于爆发，是马化腾的成功特质之一，也是很多人不容易把握的东西。马化腾懂得何时出击，何时收手，这有赖于他能理性地认识自己和所处的环境，因此极少做出错误的决定。

一次，马化腾在接受《外滩画报》采访的时候曾经表示：他在资本市场上是一个企业家，在技术领域却是一个工程师，相比之下，他更喜欢工程师这个角色，对编程也有着始终无法磨灭的兴趣。据说，当腾讯的产品越来越多的时候，马化腾还偶尔会客串“首席体验官”的角色，他不仅亲自试用自己公司的各项产品，也试用其他公司开发的产品。马化腾曾经自豪地对外宣称，他使用过所有的即时通信软件。

在互联网中冲浪的马化腾偶然接触了一个名叫“ICQ”的通信软件，一下子被深深吸引住了，他的人生也由此迎来了一个至关重要的转折点。

IM 是个好东西

IM 是什么？它是 Instant Messaging 的英文缩写，翻译成汉语就是“即时通信”的意思。从技术的角度来看，IM 是对其他通信工作或者通信软件的一种颠覆和超越：它既具备了电话的即时性，同时还具备了电子邮件的并发性，算是人与人之间交流的“第三类接触”，而且它的优势要大于前两种。

从目前流行的即时通信软件来看，它的功能非常强大，内容也是无比丰富。因为，随着 IM 软件的不断更新和完善，它已经不再单纯具有线上沟通的作用，还集成了语音聊天、电子邮件、网络会议甚至短信等功能，成为一个地地道道的“大杂烩”。而且，这道“大杂烩”杂而不乱，用户只需很短的时间就能熟悉并掌握它的操作技巧。

IM 的鼻祖是三个以色列的毛头小子。起初，他们只是打算开发出一个可以供他们三个人之间随意聊天的工具而已。然而犹太人的智慧注定这个小软件无法平庸，他们最终将这个小程序变成了一个可以广泛联系很多人的网络通信工具。

当时，三个犹太小伙子将他们为之自豪的软件命名为“I seek you”，意思是“我在寻找你”。为了叫起来方便，就根据发音直接简化成“ICQ”。随着 ICQ 程序编写得越来越成熟，他们就成立了一家名叫“Mirabilis”的公司，正式向大家提供 ICQ 的服务。ICQ 的巨大商业价值和发展潜力引起了很多人的注意，于是犹太小伙子们将 ICQ 以2.87亿美元的价格卖给了“美国在线”——全球最大的网站之一。

ICQ 进入市场之后，很快受到了广大网民的青睐，并很快成为人们日常网络生活的主宰。

能够在短短的时间内征服全球这么多的用户，可见 ICQ 的能量相当巨大。然而让人扼腕的是，ICQ 这个互联网“神物”并没有在中国持续发展下去，反而出现了倒退和萎靡。应该说，在互联网“群雄并起”的时代，谁占据了先机就占据了相当大的优势，可是 ICQ 在中国却失去了“攻城略地”的最佳时机。究其原因，主要有三点。

第一，输在了经营理念。

ICQ 没有意识到自身的诞生代表着一场现代通信的技术革命，所以没有将整个世界当成它要开拓的市场，反而是象征性地、试探性地在全球范围内推出了英文版。更糟糕的是，当一切数据充分显示了 ICQ 广受用户欢迎之后，其经营者也未能及时调整市场战术，而是继续墨守成规，结果良机一再被延误，最终被后来者反超。

第二，输在了使用环境。

IM 是什么？它应该是一个能够跨越地域和各种限制的网络交流工具，从这个角度来看，软件兼容程度和用户使用习惯等因素，都注定了 ICQ 难以在国外大面积地“移植”和“嫁接”，特别是在其主观未能采取积极措施的前提下，这种 ICQ 用户和非 ICQ 软件用户之间的沟通障碍就无法攻克。当然，这也是 ICQ 无能为力的客观因素。如此，ICQ 的拓展范围和耕作深度就被大大地束缚住了。虽然美国在线曾经将 AIM 和 ICQ 这两个聊天软件进行整合，造出了一个功能简约的 ICQ Lite 版本，但在中国大地上却难以广泛推行，结果还是以失败告终。

第三，输在了语言障碍。

ICQ 有着本土即时通信软件没有的致命缺陷——语言。自从 ICQ 推出之后，除了英文版之外很难看到其他版本，这对于非英语国家的用户来说，上手操作存在着很大的困难。所以在中国，除了一些英语素质较高的用户能够随意使用之外，其他的用户迫切需要的是不存在语言障碍的本土即时通信软件。

虽然 ICQ 未能在中国互联网这个巨大的平台上走得更远，但毫无疑问，它开创了即时通信的先河，让大家突然意识到：原来经由一根网线就能联络上远隔千山万水的人。

谈到 ICQ 对中国的影响，受益最大的恐怕要数马化腾了。

马化腾作为一个资深的计算机爱好者和老牌网民，很早便接触到了 ICQ，很快就被它的科技魅力所感染。他经常通过 ICQ 和朋友在线上交流，徜徉在互联网时代的奇妙沟通方式中。

不过，在接触了 ICQ 一段时间之后，马化腾忽然意识到：中国有十几亿的人口，对 IM 软件是有着巨大的刚性需求的。犹太人能开发这样一个小玩意儿，中国人难道不能开发出一个本土的 IM 软件吗？

马化腾所考虑的不仅仅是开发一个即时通信工具的问题，他还想将这个软件做大做强。几年的“站长”经历已经不能再填满马化腾的“胃口”了，他要拿出更多的时间和精力，在互联网群雄逐鹿的时代找到安身立命的“山头”。由此，他的创业生涯也悄然拉开了序幕。

人尽其才干革命

2010年4月，马化腾在接受《中国企业家》采访时说：“那个时候我开始思考互联网能带来什么，因为当时在做传呼，第一个想法就是把网络传呼这个概念引进来。通过互联网来传呼，把内部的系统接起来，当时以为这可以给传呼业带来一点高科技色彩，能够延缓（传呼业的衰落），因为当时（公司包括整个传呼业）压力很大了。其实手机一开始出来，短信一普及，我就知道传呼机变成‘夕阳产业’了。”

其实当时不光是润迅缺乏战略眼光，整个传呼行业也没有认清自身黯淡的前景，一时的繁华让整个行业集体性地“失明”——丧失了必要的警惕意识和战略眼光，以至于2000年市场的拐点降临的时候，几乎所有的传呼公司都是一片慌乱。到了2001年，传呼业务逐步走向死亡，在2002年则全线陨灭。最终，一度风光无限的润迅，将自己仅剩的一些客户无偿让给了联通。

除了传呼行业的衰败之外，还有一个外部因素影响着马化腾对未来的决策，那就是当时的丁磊将用7个月写成的网易免费邮箱以119万元的价格卖给了广州的飞华网。马化腾敏锐地意识到，互联网绝对是一座等待着有识之士去开发的“金矿”，而且机遇稍纵即逝，他不能再等待下去了！

此时马化腾的创业想法很简单：就是想不断地在互联网上探索出一条新路，以提升自身的价值。

曾经有一个传闻：当时马化腾在润迅提出要开发一个类似于QQ软件的东西，然而这个富有前瞻性的提议却未能引起润迅高层的关注，因为他们还无法认识到这样一个小软件能有什么发展前景。

润迅高层之所以有这样的想法，是因为他们在当时还看不到客户资料的重要性，而是将全部注意力放在了赚钱上。事实上，那些有着极高忠诚度的客户才是商家最重要的资源和财富，是不能用钱来衡量的。也许正是因为这样一个原因，马化腾认识到了自己和润迅“道不同不相为谋”，所以才打定主意自己创业。

1998年10月，马化腾正式向润迅提交了一封辞职信。

1998年，中国的互联网进入到一个高速发展的时期。在这一年，张朝阳创办的搜狐、周鸿祎创办的3721，都让活跃在IT界的有识之士感到兴奋。他们纷纷投身创办互联网公司，准备在这个全新的战场中一展身手。

马化腾当然也不例外，尽管他对具体要开创的事业还没有一个清晰的思路，但是大的方向已经确定了下来——传呼和网络。马化腾之所以认定了这两个目标，是因为他认为自己拥有五年的网龄和相应的职业经验，这些积累的资本会帮助他在这两个方向上有所作为。

不过，单靠一个人创业肯定不行，他需要寻找一些志同道合的战友。

第一个战友是张志东，他是马化腾在深圳大学的同学，两个人同在计算机系学习。毕业之后，张志东去了华南理工大学攻读计算机硕士学位，硕士毕业后又回到了深圳，在当时比较著名的黎明电脑公司工作，主要做深沪两市的证券交易软件。

张志东也是一个技术型人才。在深圳大学念书的时候，张志东与马化腾都是系里技术拔尖的那一批人，而张志东又是尖子中的尖子，哪怕是将他放置于深圳的计算机发烧友中，也是数一数二的。

在马化腾和张志东创办腾讯一个月后，腾讯的第三个创始人加入了，他就是曾李青。

曾李青本科就读于西安电子科技大学。曾李青学的是通信，所以在毕业之后被分配到了深圳电信，一路走来比较平淡安稳。深圳计算机协会搞活动的时候，曾李青经常去参加。而计算机协会会长的女儿与马化腾、张志东是同学，经常邀请他们参加，这样曾李青就认识了马化腾、张志东。

曾李青具有开拓者的魄力和勇气，也是深圳甚至国内首个宽带小区的推动者。这个项目是个系统集成项目，当时差点夭折，不过曾李青还是凭着自己的努力完成了，而且是以类似做期货的手段实现的。这在20世纪90年代绝对是让人“高山仰止”。

除了他们三个之外，腾讯的另外两个创始人是许晨晔和陈一丹。

许晨晔是马化腾、张志东深圳大学计算机系的同学，他在从深圳大学毕业后进修了南京大学计算机应用专业的研究生，随后来到了深圳电信数据分局工作，和曾李青曾是同事。许晨晔性格随和，是有名的“好好先生”。陈一丹原名陈一舟，是马化腾在深圳中学时的同学。后来他也进入深圳大学，专业学的是化学。因为和另一个互联网名人 ChinaRen 的创始者 CEO 陈一舟重名，所以他索性就改名叫陈一丹。陈一丹有律师执照，做事严谨，总能在不同的时刻激发起大家的工作积极性。

四位战友集齐了，他们是马化腾在创业道路上左膀右臂，接下来就是一展宏图!

第二章

创业不是打麻将

顶着挫折往前走

1998年11月，马化腾和张志东“合资”注册了深圳腾讯计算机系统有限公司。

至于为什么将公司取名叫“腾讯”，一方面，马化腾的名字有个“腾”字；另一方面，“腾”也有腾飞发达的意思。而“讯”字更多是因为原公司润迅对马化腾的影响。

在马化腾和张志东联手成立腾讯之后不久，曾李青、许晨晔、陈一丹三人正式加入。这五个腾讯创始人的QQ号，是从10001～10005。

为了各司其职，马化腾在创立腾讯之初就和四个小伙伴划分好“势力范围”：马化腾是CEO（首席执行官），张志东是CTO（首席技术官），许晨晔是CIO（首席信息官），陈一丹是CAO（首席行政官），曾李青是COO（首席运营官）。

这五个创始人的股份构成是：马化腾出资23.75万元，占有47.5%的股份；张志东出资10万元，占20%；曾李青出资6.25万元，占12.5%的股份；陈一丹和许晨晔各出资5万元，各占10%的股份。

尽管在五个创始人中，马化腾出的资金最多，不过他却要求将自己所占的股份降到1/2以下，这才成了47.5%的占股。对此，马化腾的解释是：“要他们的总和比我多一点点，不要形成一种垄断、独裁的局面。”另外，马化腾坚持自己拿出主要的资金、占大股，因为他不想让股权过于分散，导致在关键问题上没有人能“一锤定音”。

在腾讯创立初期，马化腾和他的创业团队们步履维艰地行走着，他们时而困惑时而感慨：困惑的是他们还没有清楚地看到未来的出路，感慨的是创业的日子真的让人备受折磨。

正是这个在当时看来不值一提的小公司，在创业之后的第十个年头即2008年，向世人展示出了一组“恐怖”的数据：QQ用户总数达到8.562亿，其中活跃用户达到3.551亿，最高在线用户数达到4530万；互联网增值服务付费包月用户数为3030万，移动及电信增值服务付费包月用户数为1480万；腾讯第三季度收入高达20.245亿元，比同期的阿里巴巴、百度加起来还多5亿多元，而阿里巴巴和百度分别是中国第二大、第三大互联网公司。

腾讯的启动资金是50万元，在当时，这绝不是一个小数目。不过对于比较烧钱的互联网企业来说，如果找不到实力更雄厚的投资方，找不到盈利点，多庞大的启动资金都会有花完的那一天。

那么，腾讯到底要做什么样的业务呢？

当时的马化腾并没有后来那种“指点江山，谁与争锋”的霸气，他无非是想将互联网跟传呼机紧密地联系在一起，做出一个无线网络传呼系统。所以，腾讯最开始的主要业务是为深圳电信、深圳联通和一些传呼台做项目。而马化腾最感兴趣的IM软件开发暂且是一个可做可不做的副产品。

为什么可做可不做呢？

答案和马化腾在润迅提出建议时被高层否定的原因一样：大家还看不到这种即时通信软件的盈利点究竟在哪儿。当然存在区别的是，马化腾深知它是一个有着发展前景的新生事物，但对于创业伊始的腾讯来说，一上来就投入资金开发真是有些吃不消，所以只好暂且将其搁置了。

马化腾他们刚开始并不懂得市场营销，也不懂如何才能有效地运作自己的产品。他们拿着自己的产品向运营商推销，却常常吃到闭门羹。

腾讯的五位创始人没有被市场开拓时期的种种不顺所击垮，反而在每一次失败之后，都会积极地互相鼓励：不断尝试之后，总会有用户愿意接受我们。

1999年2月11日凌晨，腾讯终于开发出来一个中文的ICQ软件——OICQ正式上线，它成了腾讯由低谷走向辉煌的重要关键点。

这个OICQ和今天的QQ差距还是很大的，准确地说，它只是一个ICQ的中文版而已，没有添加什么特别的创意。也正因如此，后来很多人给腾讯扣上了“抄袭”的帽子。

试想一下，当时腾讯只有区区十几个员工，资金不过百万元，他们也想自主研发属于自己的软件，但是受制于技术和资金，只好奉行了“拿来主义”。

OICQ出来了，马化腾下一步要做的就是如何将这个软件变成钱。于是，他们开始寻找合适的买家。当时，国内的一些邮局和银行系统，经常会拿出一两千万去做一些项目，对腾讯这样的互联网企业来说绝对是很好的商机。马化腾等人积极联系了一些公司和单位，向他们推介OICQ这个项目，报价是30多万元。

这一次投标马化腾没有成功，输给了有广州电信背景的飞华公司。

腾讯竞标失败自然不是一件好事，但是从现在来看，这却是一件天大的好事。因为如果腾讯竞标成功，那么OICQ的专利权就会流落他人之手，从此将和马化腾彻底无缘了。

在马化腾看来，所有的困难和压力都只是暂时的，只要坚定地做好当下的事，转机和时运迟早都会到来。

“帝企鹅”是怎样炼成的

OICQ的时代到来了。

在仿制ICQ的时候，马化腾他们发现了ICQ自身存在的一些缺陷。比如，ICQ 将所有的信息都保存在用户端，一旦用户换一台计算机登录，之前添加的好友将全部消失不见；而且 ICQ 只能和在线的好友聊天，也必须按照用户提供的信息来寻找好友，搜索能力很弱，用户体验还有很多提高的空间。

其实，这些看似细微的差别，如果放在中国网络用户使用市场中，是具备了很大的优势的。当时中国很多网民都是在网吧里上网，他们当然希望将 OICQ 上的信息存入服务器而不是用户端。马化腾在认识到 ICQ 存在的漏洞和不足之后，便着手进行改进。很快，他编写出了一套服务器中断信息保存的程序，无论用户更换多少台计算机，在登录 OICQ 时都会保留之前添加的好友。与此同时，马化腾还将前后两端的功能按照用户的需求进行了有机的结合，让用户的体验快感达到最佳程度。比如，用户可以对离线的用户留言，只要对方上线就可以看到消息；用户可以根据在线用户的名单任意选择聊天对象。此外，OICQ 还有一个重要的特点，那就是它可以让用户选择个性化的头像。几年之后，MSN 才推出了类似的功能，由此可见马化腾对 ICQ 的改进价值有多大了。

如何让更多的潜在用户了解和使用 OICQ 呢？办法只有一个：宣传再宣传。

马化腾深知，现代商业是需要高明的营销手段的，主要的手段就是商业宣传。纵观那些得到海外投资的中国各大门户网站，无一例外都是在做“广告轰炸”，其覆盖面之大让人叹为观止。

当时的腾讯公司还没有得到任何风险投资。思前想后，马化腾只能另外寻找新的出路。很快，他将宣传推广的心思放在了 BBS 上。为此，他独自一人跑到国内大学的一些 BBS 上发帖“灌水”。

不得不说，马化腾的这一招还是非常管用的，也体现出了他敏锐的战术眼光。因为我国的互联网起步比较晚，能接触到它并熟悉掌握的大部分都是年轻人，而大学生又是年轻人中的主力军：他们对互联网充满兴趣，喜欢上网也了解网络，所以将目标用户锁定在他们身上，要比放在灯箱广告牌子上更有实用性和针对性。很快，OICQ 就被这些“天之骄子”迅速占领了。

马化腾的另外一个推销地就是网吧。因为那时候家庭计算机还是比较少见的，人们上网的主要途径是去网吧。网吧计算机里总会有各种已经下载好的休闲娱乐软件，这种“捆绑式软件”成为宣传 OICQ 最好的手段之一。

没过多久，马化腾的“企鹅时代”就到来了：1999年11月，OICQ 的用户数量猛增到100万，2000年4月则达到了500万！

2001年5月9日，美国在线的 ICQ 用户数量突破了一亿大关，这个成绩让美国在线彻底消除了对即时通信的怀疑，让他们看到了在1998年投入2.87亿美元买下 ICQ 是多么明智的决策！不过，美国人并没有笑到最后，到了2001年底，中国本土的 OICQ 用户数量超过了9000万！更让人们感到吃惊的是，OICQ 的用户数量差不多以每天39万人的速度持续增长，这意味着 OICQ 比肩乃至赶超 ICQ 只是一个时间问题。

要知道，OICQ 实现用户数从0到9000万的增长只用了三年的时间。虽然从数字上来看，腾讯的成长似乎没有耗费多大的力气，然而马化腾和他的团队在这期间经受的磨砺和考验绝对无法用一个快速增长的“三年”一笔带过。随着 OICQ 的迅速走红，ICQ 终于发现了这个在悄悄成长的“孪生兄弟”，对它的来源与合法性提出了质疑。于是，一场有关技术专利的官司就在所难免了。

OICQ 走红了，ICQ 脸青了

1999年8月到9月，腾讯收到了来自美国在线发送的两封律师函。函件中指出，ICQ 是他们的专利，而腾讯在1999年1月26日注册的 oicq.com 和在1998年11月7日注册的 oicq.net 两个域名中都包含了“ICQ”，这是对他们的知识产权的侵犯。美国在线提出，腾讯应当将 oicq.com 和 oicq.net 这两个域名免费转让给他们。

对于这两封律师函，马化腾也没有做出什么明确回应。然而美国在线似乎是动了真格的，他们于2000年3月3日正式向美国明尼苏达州的全美仲裁论坛（NAF）递交了一份起诉书，同时以律师函的形式通知腾讯向全美仲裁论坛提交域名争议答辩书。

在这份新的律师函中，美国在线还特意指出，他们曾打过一个有关“smsicq”的官司，并且赢了，言外之意是法官会以之前的案例作为参考，腾讯注定输掉这场官司。

尽管在域名这个问题上，美国在线似乎占了不少理，不过腾讯还是为 OICQ 进行了答辩。他们尖锐地指出 OICQ 毕竟不是在美国境内注册的，甚至也没有在中国国内注册，根本和 ICQ 扯不上什么关系。

在这次“辩论大赛”中，双方剑拔弩张、互不相让。美国在线指出，腾讯曾经用数字0来代替字母 o，注册了一个0icq，这体现出了一种恶意的态度。腾讯也寸步不让，指责美国在线在正式诉讼开始之前的一个月，恶意注册了一个 oicq.org 的域名，这显然是对方为了达到其目的而采取的阴险招数。

2000年3月21日，一位名叫詹姆士·卡莫迪的仲裁员签署了仲裁判决书——腾讯须将 oicq.com 和 oicq.net 这两个域名还给美国在线。

2000年的一天，www.oicq.com 忽然出现了万人同时掉线的事件，这个域名就是腾讯曾经用过的域名之一，不过这次掉线并非有人恶意“黑”腾讯，而是腾讯自己所为。这样做是迫于美国在线施加的压力。

对于腾讯输掉这场官司，一些业内人士并不觉得意外。因为早就有人指出，ICQ 是美国在线的注册商标，所以凡是在名称中使用 ICQ 字样的同类型软件都涉嫌侵犯了美国在线的商标使用权。

官司输了，OICQ 的人气并没有输。

2001年3月25日，一直以“OICQ2000”为名字的小企鹅，在之后推出的0325版本中，安装文件改成了“QQ2000”，等到软件安装结束之后，在版权说明中也将之前的“OICQ2000”改换成了“QQ2000”，软件面板左下角处的主菜单按钮上的 OICQ 字样也被“QQ2000”所取代。

为什么 OICQ 忽然变成了 QQ 呢?

其实，早在美国在线和腾讯打官司之前，很多用户对 OICQ 这个名字就感觉有些别嘴，所以在日常交流中以“QQ”来代替。后来，腾讯也了解到用户的这个习惯，干脆将 OICQ 改成了 QQ，这样既免去了专利之争，也符合了大众的习惯。QQ 这个名字更符合互联网称谓的惯用法则：简单、上口、可爱。

实际上，马化腾对 QQ 名称的及时更改，是一种很高明的经营策略，它避免了和 ICQ 发生更深层的法律碰撞，避免了官司缠身的厄运。更让马化腾欣慰的是，对于 OICQ 这个名字的消失，广大用户没有表现出异常或者不接受，相反还觉得是一种进步。

腾讯的名字发生改变之后，头像也跟着一起变了脸。当时很多用户的反映是：新头像比之前的更漂亮了。

腾讯最初的头像都源于已经流行的卡通形象，比如唐老鸭、加菲猫、皮卡丘、大力水手、蓝精灵等。后来，与美国在线的一场官司让腾讯对版权问题更加重视，所以才将这些涉嫌侵犯版权的头像全部更换掉了。

虽然 OICQ 已经远去，但是新生的 QQ 似乎具有更顽强、更本土化的实力，给马化腾和腾讯带来了勃勃的生机，也为腾讯开启了一条越来越宽广的发展之路。

一分钱憋倒英雄汉

随着 QQ 的普及和用户群体的扩大，这只历经磨难的小企鹅已经成为广大网民经常使用的 IM 软件之一。伴随着 ICQ 在国内用户的逐渐减少，浴火重生的 QQ 用户与日俱增，这只可爱的小企鹅真正地融入了人们的日常生活中。

然而问题也随之而来，在马化腾还没有找到可以盈利的方式时，小企鹅渐渐长成了一个喂不饱的“七把叉”，“食量”惊人。原因很简单，随着用户数量的不断增加，腾讯所需要的服务器数量也在增长，基本上每个月需要增加两台，而服务器需要花钱，日常的维护和管理也需要花钱，这些投入是根本省不出来的。

面临着缺钱的窘境，马化腾一度减少了用户账号的放出。不过这毕竟只是权宜之计，也是和扩大 QQ 用户群这个长远战略相悖的。

上线后不久，腾讯的账户上就只剩下1万元多了。为了公司18名员工的利益，马化腾艰难地做出了出售 QQ 业务平台的决定，摆在马化腾和其他创始人面前的路只有一条：卖掉小企鹅。于是，马化腾开始和一些有意购买 QQ 的公司进行了实质性的谈判。

其实，马化腾何尝不想好好养活这只小企鹅？可是却心有余而力不足，那就找个买家将其“包养”吧。当时，马化腾找了不少ICP（网络内容服务商），结果他们无一例外地要求独家买断。这是马化腾无法接受的，因为他还想靠着小企鹅多卖给几家公司赚钱。于是，马化腾又在琢磨能否“打包”卖给某个人。为此，他先后找了好几家公司商谈出售QQ的事情，最后都是因为价格问题不欢而散。

后来，终于有一个买主找到了马化腾——深圳电信数据局。深圳电信数据局将腾讯所有的计算机连同桌椅板凳都查了一遍，最后说只能给出60多万元的价格。马化腾的心理价位是100万元，就差40万元，干脆卖了吧。结果当对方开始搬东西的时候，马化腾突然后悔了，终止了交易。

也有人说，马化腾当时还找到了刚刚临时成立的联想投资筹备小组，打算将QQ卖给他们。结果连报告都没有递上去，就被对方的基层员工给否定了，理由是他们看不懂腾讯在做什么。

也正是因为贱卖QQ遭遇了太多的波折，马化腾才逐渐打消了卖掉QQ的念头。当然更重要的一点是，QQ用户无时无刻不在增长着，而且就在他打算卖掉QQ的那段时间，短短几个月里QQ注册人数就增加了好几万人，每天都有新用户加入，而老用户的使用黏性依然存在。或许正是这个铁打的数据让马化腾意识到贱卖QQ是一个多么不明智的选择。

正是这段经历，让马化腾深有感触地说了一句话：“要在互联网上掘金就不能只看到眼前利益。许多很有才华的网络人才往往没有注意这一点而失去了长远机会。”

第三章

资本世界的“南极狼”

把钱借给我

1999年11月，QQ 的注册人数增加到了100万。这个消息对马化腾来说，既有兴奋也有焦急：一方面，QQ 用户越来越多；另一方面，公司承受的资金压力也越来越大。到了1999年的下半年，马化腾跟几个创始人商量决定让出一部分股份，进行融资。因为只有走融资这条路，才能将庞大的 QQ 用户作为谈判的筹码。

马化腾在回忆这段往事的时候曾经说："1998年我刚刚创立腾讯的时候，互联网产业在中国正处在蓬勃发展的初期。当时网民才300万，不到现在的零头；现在是超过3亿，是那时的100倍！那时候的环境还没有这么好，获得风险投资的机会刚刚开始有，但那时候机会也非常小。"

起初，马化腾想到的是找银行入伙，毕竟人家财大气粗、实力雄厚。可是找了一圈之后才发现，银行这种传统行业和互联网这种新生行业还是存在着很大差别的，银行对 QQ 的注册用户数量丝毫没有兴趣，因为在人家看来这根本不能证明未来的某一天，小企鹅可以通过这些免费的用户赚到钱。

马化腾心急如焚，他得想个办法让这只小企鹅吃饱了继续上路才行。后来，马化腾看到了很多海外融资的案例，发现寻找国外投资机会能更多一些，于是修改了原有的商业计划书，将寻找投资的重点瞄向了海外。

按照腾讯创业初始的规定，马化腾是全权负责融资业务的。不过当时缺钱已成为燃眉之急，所以除了马化腾一个人在忙活之外，身为首席运营官的曾李青也帮忙寻找投资。

当时，曾李青的想法是，整个腾讯的公司价值是550万美元，希望融资220万美元，也就是让出大概40% 的股份。至于为什么是220万美元，这是当时五个创始人共同分析商定的结果，而40%恐怕也是大家所能承受的心理底线了。

为了做好招商引资的工作，马化腾他们将计划书改了很多遍，生怕出现一点漏洞。在计划书中，最核心的一条是需要钱购买服务器和带宽，这也是腾讯当时最紧缺的。不过关于如何盈利的问题，在计划书中却写得比较模糊，提到更多的是会员费和网络广告。其实，会员费和网络广告这种盈利手段，几乎对很多互联网公司都适用，很难突出腾讯自身的特点和优势。另外，计划书中没有提到对短信收费、动漫等增值服务业务，而且最有吸金能力的网络游戏也不在计划之列。所以从这份计划书来看，它的亮点实在是太少了。

尽管曾李青在今天已经成为国内最具号召力的天使投资人之一，不过那时候的他对融资还比较陌生，也没有什么便捷的融资渠道。曾李青的想法也很简单，找几个熟人帮忙推荐一下应该就没什么问题了。

曾李青第一个想到的熟人是刘晓松，他和腾讯的几个创始人都有不错的私交。刘晓松和张志东曾是同事，两人都在黎明电脑公司工作过。早在腾讯增资扩股到100万元的时候，曾李青就是从刘晓松那里借来的钱。

刘晓松表示愿意帮助曾李青介绍别人来投资。曾李青非常高兴，并答应以融资额的5%作为股份赠送给刘晓松。后来，刘晓松向IDG（太平洋风险技术基金）推荐了腾讯。与此同时，曾李青也托人找到了香港盈科。

IDG和香港盈科都愿意投资腾讯，不过让他们产生这个想法的并非是马化腾他们弄出来的那份改了6遍共20多页的商业计划书，而是ICQ以2.87亿美元卖给美国在线的故事。或许这两家公司都觉得，QQ原本是ICQ的汉化版本，就算不值上亿美元，几百万美元的价格也不算高吧。而且，ICQ

既然能在全世界火爆，那么QQ为何就不能在中国火爆起来呢？

于是，在2000年上半年，腾讯经过第一期融资之后，创始员工的股份占比是60%，IDG和香港盈科各自出了110万美元，所以各占20%的股份。

220万美元，在互联网风投中真的是一笔小数目，因为还有不少企业得到过上千万的资金注入。钱虽然少了些，但马化腾手里有了钱，很多想法就可以马上变成现实。很快，他拿着这笔钱改善了服务器和带宽等硬件设施，给公司买了20万兆的IBM服务器，另外也加强了对QQ软件的开发和改进。没过多久,QQ就成为超越同类产品的“上等马”。马化腾曾经回忆说，当那些新设备进入公司之后，他的心里别提有多美了。

可以说，创业者能够经历的艰辛，马化腾都无一例外地“品尝”到了。在获得资金援助之后，他开始专心致志地继续做他的即时通信，他相信在很多人眼中看不到未来的QQ，必定会有大展宏图之日。

史上最温柔的融资哲学

在第一轮融资之后，马化腾和他的团队干得热火朝天，投资者们却有点坐不住了，因为他们除了看到腾讯买了几台服务器之外，再也没有什么其他的变化。甚至当马化腾再度囊中羞涩，又打算向投资方借钱时，投资者们一个个都不再心甘情愿了。他们觉得这个小企鹅简直是一个喂不饱的无底洞，如果再这么折腾下去，就算给他们100%的股权也得赔个精光。于是，他们拒绝再借给腾讯一分钱。

当时，IDG还算是比较积极，到处帮着找接盘人，希望能够让腾讯渡过这个难关。相比之下，香港盈科的态度并不明朗，甚至在某个时间段里，香港盈科表示自己可以考虑跟进，然而过了一段时间，他们又不确定是不是要继续跟进，这让马化腾实在摸不清对方的真实想法。最后，香港盈科由李泽楷本人在香港盈科附近的一家露天茶餐厅里，跟腾讯签署了一个预投资的协议，同时支付了一笔数额不小的定金。

香港盈科还曾将腾讯推荐给自己的关联单位——TOM 集团，虽然 TOM 集团与 TOM 在线的高层都和腾讯有过往来，然而关于投资腾讯的事最终也是没有了下文。不过，拒绝归拒绝，毕竟已经投入了上百万美元，要是眼瞅着腾讯就这么垮掉了，IDG 和香港盈科岂不是白忙活一场？于是他们还是尽量帮马化腾支招儿。

让马化腾没有想到的是，正当他和团队热火朝天地为小企鹅而努力之际，却遭遇了“互联网寒冬”。

正当马化腾为下一步融资发愁的时候，一个美国人出现在腾讯的办公室里，他叫网大为，是 MIH（米拉德国际控股集团公司）中国业务副总裁。

这个 MIH，绝非一般的投资者，不仅财大气粗而且拥有雄心壮志。网大为所做的主要业务是互动电视和收费电视，那时候就已经达到了年营业额上亿美元，市值则是40多亿美元，实力相当雄厚。他们非常关注中国的互联网企业，很想在东方的这块土地上寻找一个比较靠谱的合作伙伴，由此进入中国市场。

由于网大为非常具有投资眼光，所以他成功帮助 MIH 和腾讯结缘。2001年，MIH 从盈科手中一举买到了腾讯20% 的股权，此外还从 IDG 手中收购了腾讯13% 的股份。不过很快，MIH 就发现自己实在是太胆小了，因为他们看到了腾讯的发展空间，也不想仅仅扮演一个参股投资的配角。

2002年6月，腾讯控股其他几个创始人将自己手中持有的股份出让给了 MIH，腾讯的股权结构由此发生了新的变化。不过在持股比例和公司经营管理的界定上，MIH 和腾讯的高层经过了一番细致的协商：在 MIH 短暂控股的时期，腾讯控股的具体经营管理还是要由马化腾等人来全权负责，MIH 只能派出两名非执行董事，而且不具备具体管理的权力。

对此，马化腾的思路非常明确：钱不是白拿的，但不能让外人控股，更不能让他们插手经营，否则不如不要钱。

正是因为马化腾当时坚持了管理团队控股，所以避免了不少麻烦，这也体现出了他作为一名战略管理者的高瞻远瞩。当然，MIH 为腾讯带来的股权结构也是非常稳定的，这也是腾讯取得成功的重要原因之一。

正是这迎难而上的劲头，最终让马化腾渡过了难关，也获得了创业道路上最宝贵的经验。一边赚钱，一边成长，或许这才是所有创业公司的必经之路。

扭亏为盈

2000年春天，QQ 突破10万用户同时在线的大关。马化腾委托网友在一个新闻网站发了一篇宣传文章，没过多久，大名鼎鼎的《人民日报》旗下的人民网转载了这篇文章，这件事让马化腾非常兴奋。

直到2001年8月，马化腾的心情多少放松了一些，因为这时候腾讯已经有了新的收入来源。当时，腾讯和广东移动签署了一项合作协议，内容是：经由网络和移动的互通，促使每一个 QQ 用户都能够和广东地区的任何移动用户凭借 QQ 和手机短信进行实时的交流，从此让 QQ 增添了一个新的功能，而这项功能对于新社交时代的网民来说无疑是一个很好的消息。

随着和广东移动合作的顺利进行，腾讯一举实现了扭亏为盈，并且在这一年借着中国互联网进行短信争夺战的机会，很快就占领了短信市场的

1/2的份额。

在腾讯的业务逐渐好转之后，马化腾逐渐摸索到了更多的赚钱手段，除了短信业务之外，还增加了广告业务、移动QQ业务以及付费QQ会员业务等。在这些五花八门的业务中，最赚钱的当数QQ品牌外包，这让马化腾赚取了10%的代理费。

眼见着小企鹅开始给自己敛财，马化腾也逐渐发现很多之前没有想到能够盈利的领域如今也能掘金。为此，马化腾深有感触地说，他们原本一直没有想通如何通过QQ赚到钱，后来广州的一家公司主动找上门，而且表现出了很大诚意，因为对方上来就扔给他几十万，这让马化腾感到很意外。

这种变化的背后显然离不开马化腾自身的努力，也离不开当时互联网大环境的演进和变化。马化腾当时的想法是，能够在赚钱的时候帮助腾讯进行推广，这完全是一个“一石二鸟”的好路子。

没过多久，在小企鹅的系统广播中不断播出腾讯已经推出各种QQ小玩具的消息，并告知广大用户可以在全国的很多地方买到。从此，QQ终于从一个简单的即时通信软件变成了一种文化符号象征。这种文化中，既有简单的线上交流，也促使“网恋”和“网友”这样的新鲜名词诞生。

2000年8月，QQ的信息窗口上还出现了banner的广告，三个月之后，它的推广幅度得到了进一步的增强。2000年12月的统计数据显示，腾讯仅仅从广告中获得的收入就达到了150万元。而当时“网络泡沫”的破裂对QQ的影响十分小，顶多也就是在2001年2月的时候广告量减少了1/2，不过很快在3月又得到了回升。

除了广告这个传统的盈利手段，腾讯还将会员制引入收费体系当中，这也被称为是“第二个印钞机”。当时腾讯一共有3000多名会员，每个人一年需要交纳120～200元的会费。虽然和很多普通用户相比，这个数量实在太少，但对于腾讯而言，这些人就是“革命的火种”。

2001年底，腾讯成功实现了1022万元人民币的净利润；2002年腾讯的净利润则达到了1.44亿元，相比上一年增长了10多倍；到了2003年，腾讯的净利润达到了3.38亿元，相比2002年翻了将近一倍；到了2004年，腾讯更是实现了11.44亿元营业额的辉煌战绩，同比增长了55.59%。此外还实现了4.46亿元的净利润，同比增长了38.6%。

也就是从这个时期开始，一直“一分钱掰成两半花”的马化腾才觉得踏实了，他也终于找到了创业有成的感觉。或许，这是马化腾从一个辛辛苦苦的创业者迈向一个备受人们关注的成功者的必由之路。很多人见识到了他的聪明才智，很多人也看到了他的鲜花和掌声，然而只有很少一部分人能真切地了解这一切光荣闪耀背后的辛酸和痛苦。

荤素搭配，业务不赔

在腾讯初创的低谷时期，马化腾一直在为他的小企鹅寻找可以赚钱的新出路，他甚至到了“来者不拒”的地步——只要能赚钱，只要能确保以QQ 为核心，什么赚钱就做什么。于是，马化腾的眼界越来越宽，在不少领域里发现了新的商机。从另一个角度来看，与其说马化腾发现小企鹅给他带来了新的利润营收点，不如说是他重新认识了小企鹅潜藏的价值。

2000年底，中国移动正式向广大用户推出了“移动梦网”。当时很多人都只知道这是一个新鲜事物，却没有人能想到，这个新诞生的价值链条将会拯救一大批互联网公司，其中受益最大的要数马化腾了。

马化腾面临的情况是，拥有着上亿互联网注册用户量，而且这些用户都存在着很大的消费诉求，不过可惜的是，马化腾并没有找到收费的渠道。而移动梦网通过手机代收费的“二八分账”协议，一下子提醒了马化腾，让他在黑暗中看到了一道曙光。

很快，腾讯推出了移动QQ业务，没过多久移动QQ就成了移动梦网的中坚力量，在移动梦网中的份额最高时一度达到了70%。

在2002年和2003年，腾讯一面推出了“QQ行”和“QQ秀”等新业务，一面又加强了学习，开始向用户推出短信、铃声、交友业务和“QQ男女”等。除此之外，马化腾还跟着盛大学做起了网络游戏。

事实证明马化腾的决策是正确的。

和网络游戏相比，马化腾做资讯门户的目的多少有些不太一样，那就是开拓互联网广告市场。因为当时的广告主更希望在有影响力的网站进行广告投放，而当时的资讯门户是最容易建立影响力的地方。于是马化腾觉得，网络游戏的市场规模虽然超过网络广告，然而广告的增长潜力却比网游大很多，所以必须打造门户网站。

不过矛盾很快也出现了，不少用户已经习惯了QQ强调年轻化和娱乐化，一旦要打破用户心里这种牢固的联系，就需要一个全新的名字和标识才能打造更高端的门户网站。除此之外，马化腾也考虑到必须让门户网站和聊天工具做出明确的品牌划分。对此，马化腾的解决方法是：在不要娱乐的时候就可以抛弃娱乐，在不合适的场景搞一些活蹦乱跳的企鹅，那就不明智、不合适，会让用户感到反感。

很快，“腾讯网”在千呼万唤之中诞生了。为了能够将它做成一个高端品牌，马化腾首先同意在门户采编领域大规模地招兵买马。另外，马化腾还选择了“赞助2010年上海世博会”的绝好机会来树立综合门户的形象。

根据协议，腾讯要负责“网上世博会”互联网平台的总体集成、运行以及维护，另外还要全面负责世博会网络互动平台、电子商务平台等建设。马化腾表示，将会有更多的人重新认识腾讯，腾讯不单单是一个聊天工具。

在马化腾的大战略策划之下，腾讯的门户网站成功了，腾讯的网络游戏成功了，接下来可以在增值服务领域中试试水了。

其实，很多用户对增值服务的概念并不清楚，但如果问他们什么是Q币的话，他们一定很清楚。对于马化腾而言，这些看似微不足道的小东西和网络游戏销售收入的迅猛增长，既保证了公司的正常运转和发展，也为腾讯在门户和电子商务等领域的“圈地运动”铺开了门路。

2001年，腾讯正式发行了120元一年的Q卡，没过多久又开发出了付费的服务“QQ秀”和棋牌游戏。QQ秀是一种带有游戏性质的虚拟装备，让QQ用户拥有选择虚拟着装的权利。

据说，当时QQ秀项目在腾讯内部审批过关时，公司上下曾经对一个80多页的、逻辑缜密的PPT进行了认真讨论，可见那时候腾讯对它的信心不是很充足；而现在QQ秀已经成为腾讯最赚钱的项目之一，也是马化腾在增值业务中开疆拓土的“功臣”之一。

马化腾有一个很精妙的经营哲学，被人称为“三问自己”。据说，他在经营中经常向自己提出三个问题。

第一个问题是：这个新领域你是不是擅长？竞争对手可能对商务、利润、资本感兴趣，然而却未必将客户的需求真正考虑进去。相比之下，马化腾会凭着对网络市场的一种看似模糊却又十分清晰的认识做出敏锐的理解和判断，从而带领公司走向正规道路。马化腾正是用一种比较偏执的兴趣和近乎狂热的热情，给腾讯建立起一个框架。在这个框架之中，马化腾会坚定地将“以技术为核心”这个理念运用在他的日常生产和经营当中，注重对技术的开发和质量的提升。

第二个问题是：假设你不做，用户会不会受到损失？其实，开发软件的真正价值在于实用，并非是开发者本身的快乐。马化腾说：“其实我只是个很爱网络生活的人，知道网迷最需要什么，所以为自己和他们开发最有用的东西，如此而已。”

第三个问题是：一旦做了，在这个新的项目中还能保持多大的竞争优势？记得还是1999年下半年的时候，马化腾在网络传呼系统市场上越做越大，不过他却面临着至关重要的选择：一方面传呼行业已经显出了颓势；另一方面 QQ 用户数已经增加到了100万并且还有增长的趋势。那时候，QQ 还只是腾讯的副产品，马化腾对 QQ 所蕴含的巨大市场价值还没有清晰的认识。因此，不管是从技术上还是资金上，马化腾都对自己到底能掌握多大的竞争优势缺乏自信。为此，腾讯采取的策略是“三管齐下”。一是把精力投放在完善 QQ 功能和新版本的开发上；二是找寻能够对腾讯进行资金支持的投资者；三是继续加强传统网络传呼系统所带来的利益。结果很多人也都看到了，马化腾选择的出路是正确的。

其实，不是马化腾造就了腾讯，也不是腾讯造就了马化腾，而是专注造就了腾讯，腾讯造就了奇迹。

腾讯上市好，富翁遍地跑

从2001−2003年，腾讯的规模和利润都呈现几何级的增长。2003年8月，腾讯创业团队将 IDG 所持剩余股权悉数购回，并从 MIH 手中回购少量股权，经过股权结构的重新调整，最终形成了上市前 MIH 与创业团队分别持股50% 的股权结构。

腾讯的公开资料显示，它在2004年第一季盈利亿元，比2003年同期增长87%。不过，马化腾不想让自己的资金来源被风险投资所限制，为了形成多元化的融资渠道，稳定企业的正常运行，马化腾开始筹谋着如何融资上市的问题。

关于在哪里上市的问题，马化腾说：“承销顾问里，六家建议在香港，四家建议在纳斯达克，三家建议两边同时上，搞得我头都大了。香港上市公司的平均市盈率比美国低，但如果我是香港的龙头股呢？”

最终，马化腾选择了与深圳相隔一河的香港。对此，他的解释是，香港股市的要求要比纳斯达克严格，只有腾讯上市时连续三年实现盈利，才具备在香港上市的资格。相比其他中国互联网公司，只有腾讯一家做到了。

经过一番积极筹备，2004年6月7日，腾讯控股有限公司以中国内地最大的即时通信产品——QQ 服务供应商的身份在中国香港创业板公开招股，正式向海外投资者发售股票。这个消息对外公布之后，立即在中国互联网界引起了轩然大波，因为在此之前，几乎没有人听到腾讯准备上市的消息，马化腾的保密工作实在是做得太好，这让那些天天为头条新闻犯愁的媒体惊慌失措。

2004年6月16日，腾讯控股在香港联交所正式挂牌交易。根据当时每股3.70美元的发行价来计算，腾讯一下子就拥有了62.2亿港元的市值。经过这次上市，马化腾身边（包括他自己在内）一下冒出了5个亿万富翁和7个千万富翁。

上市这条路让企鹅的魅力再一次显现出来。由于腾讯此时此刻已经深得人心，所以在上市之后很快得到了股民们的全力追捧。尽管大多数投资者都保持着比较理性的心态，不会轻易对某个股票跟进，但腾讯的股票出马不久，超额认购还是达到了146倍。

腾讯上市之后，马化腾准备将这些募集来的资金用到什么地方去呢？由腾讯的招股文件可以得知，马化腾计划将8.18亿元港币注入到腾讯的新战略方向——即时通信、娱乐和互联网新业务，收购对象可能包括电子商务或音乐领域的增值服务，同时也不排除在未来收购第三方技术开发商和服务提供商的可能。至于剩下的2.5亿元港币，则用来对公司现有的业务进行拓展。

有分析人士指出，从2003年的腾讯盈利情况来看，马化腾即使不进行招股募资，他们也具备了强大的现金流，足够有能力收购国内一些从事即时通信和娱乐新业务的中小型公司。从2004年第一季度腾讯的收入和盈利情况分析，它同样处于持续盈利的状态。因此，如果单从融资的角度来看，上市并非完全为了钱。

也有一些投资银行认为，是大股东出于套现的目的才促成了腾讯的这次上市。可仔细观察一下腾讯当时的股东组成结构和经营状况，MIH应该已经收回了投资。那么，马化腾为什么要将如此大的“一块肥肉”送给香港的公众股东呢？

这个答案或许到今天也并不明朗，不过从中我们可以发现，马化腾在香港上市预示着腾讯要坚持本土发展的策略。另外，马化腾在对比腾讯上市前后时也认为，虽然上市后腾讯还面临着一些管理和架构协调的问题，不过公司基本的运作模式已经趋于正规化和稳定化，同时马化腾对企业的规模化和业务发展也有了更完善、更科学的管理机制。如果腾讯不走上市这条路，它日后面临的问题将是后劲不足，缺乏动力。

随着腾讯的上市，腾讯迎来了员工的激励问题。2008年，马化腾在接受《北京青年周刊》采访时说，对全体腾讯员工而言，腾讯的创始人和股东都非常重要，第一是融资，第二是提高形象，第三是股份流通和期权，对吸引人才特别是高端人才来说更是重要。

马化腾在腾讯上市之后的几年内，一直奉行着股权激励。2007年12月，腾讯发布了股权激励计划，内容是股份将由独立受托人购入，成本由腾讯支付，计划由采纳日期2007年12月13日起生效，有效期为10年。这个计划规定，董事会授出的股份总数将限制在已经发行的股本的2%，而向奖励个人授出的股份最高不会超过该发行股本的1%。

2008年8月29日，腾讯董事会研究决定，向公司184位员工授出万股新股作为奖励股份，这个举措的目的是充分利用腾讯的现有资源来吸引和挽留他们需要的人才。2009年7月10日，腾讯董事会又开展了一项大规模的股权奖励计划，授出万股股份奖励共计1250名员工。可以说，这一次的股权激励动作不小，让人叹为观止。

从股权激励计划可以看出，当马化腾带着他的小企鹅团队走向新的发展阶段之后，新问题也接踵而至。他只有推出新政策去解决这些摆在面前的障碍，才能驾驭着这艘在互联网大海中疾行的巨舰行走得更远。

第四章

山雨欲来风满楼

盗号这是为哪般

当QQ成了不少网民上网必备的利器之后，一个很有意思的现象也跟着诞生了，一个无处不在的幽灵时刻缠绕在用户身边——盗号。

曾几何时，盗号现象在QQ上十分猖獗，很多用户对此深恶痛绝，因为这些大小黑客们盗走的不是一个虚拟财产，还连带着无数个好友乃至一个社交圈子，甚至可能会影响用户的正常工作和生活。直到今天，当QQ号已经很难自由买卖的时候，盗号现象依然存在。正因为如此，向腾讯投诉的用户越来越多。在用户看来，是腾讯的不作为造成了盗号现象的泛滥。

这个指责的确是有些冤枉马化腾了，他何尝不想彻底消灭盗号现象呢？然而由于过于庞大的QQ用户群和无处不在的专业和非专业黑客，让腾讯的打击行动存在诸多障碍。

2013年1月17日，深圳市第五届人民代表大会第五次会议南山分组讨论结束后，马化腾本想低调离开，结果却遭到了不少媒体工作者的“围追堵截”。马化腾被记者们“逮到”之后立即表示，腾讯2013年主要的工作方向是继续深化信息安全。

马化腾的话并非是安抚人心，也不是夸夸其谈，在2013年腾讯已经拥有2万名员工，其中有2000人是专门从事信息安全工作的。腾讯也采用了很多防范措施，比如用户可以在上网的时候输入验证码，也可以通过账号申诉找回被盗走的号码，等等。

马化腾很想杜绝盗号行为，然而要想高效率地解决这个问题又会在技术上给用户带来一些不便，比如增加一些验证手段或者注册限制等，所以马化腾自己也十分矛盾。尽管如此，他还是一如既往地推动信息安全，而且希望有关部门从立法上进行推动。

针对国内互联网屡禁不止的QQ号盗窃行为，马化腾决定采取猛烈的反击行动。腾讯的反击盗号专项行动，是结合了技术手段和司法力量一并打出的“组合拳”。马化腾针对被盗QQ号的使用特征，增加了验证码保护、频率保护、总量保护等技术手段，从而有效防止和遏止盗号。

目前，针对一度猖獗的“键盘记录”和木马程序等盗号方式，腾讯已经引入“nProtect”键盘加密保护技术。此外，马化腾也始终不忘在公开场合表示，腾讯将继续使用法律武器，推动和配合司法机关对QQ盗号行为进行严厉打击。同时，马化腾也提醒广大用户：切莫轻易运行来历不明的程序，也不要轻信非腾讯网站的QQ活动信息，这些都是很容易被不法之徒所利用的盗号漏洞。

除此之外，由盗号衍生出来的还有一个知识产权的问题。最近几年，凡是涉及高科技企业的侵犯知识产权犯罪案件，其中有不少都是侵犯商业秘密的案件，最主要的特征就是技术秘密。

马化腾在接受《中国企业家》采访时曾经说过：“腾讯做互联网只要和网民接触，现在需要和公安、司法等外部世界结合。比如我们抓的盗号集团就有十几个，广东省有史以来最大的盗号案，用了九个月才破获，是最大的，打不完，后面还在打。这其实也是在唤起一个意识，很多小孩子还不知道盗窃虚拟物品是不是犯罪，所以说现在也在往这方面努力。我现在最担心的就是网络安全问题，我们做了很多事情，我相信我们现在在反账号盗窃方面绝对是一流的，很多概念很多人可能听都没有听说过，因为没有经历过。”

打击盗号，任重道远，对于马化腾来说，这是智能犯罪和智能防卫之间的博弈和较量，也是腾讯日后发展道路上难以规避的问题。

收费注册风波

在QQ走进人们的生活之后，很多网民只要打开计算机，就会习惯性地在第一时间登录QQ。QQ确实很方便，可以在线聊天，还能够在线传送文件以及离线传送文件，满足了很多办公一族的需求；另外QQ邮箱也便捷无比，以及后来开发的QQ音乐、QQ游戏、QQ农场等，都产生了一大批对其依赖性很强的用户。

不过如果有一天QQ收费，你还会用吗？虽然现在的用户听到这个会觉得有些不可思议，然而在2001年时，很多需要新注册QQ的用户还真的要思考这个问题。

随着2000年纳斯达克股市的崩盘，全球互联网企业马上进入了“严冬”，紧接着“多米诺骨牌”效应又造成了IT产业的整体下滑，导致市场中的各个行业一片低迷。当时，马化腾除了在融资方面动脑筋之外，也在想着其他让腾讯收获金钱的办法。

在传统的经济现象中，边际效益通常都是逐步递减的。在互联网领域却是在一个漫长的区域里等于零，只有超过“临界点”的时候，边际效益才会突然显露，产生戏剧性的暴增。

马化腾的小企鹅也是如此。

2001年中期，腾讯的新增注册量急剧增加，这让腾讯公司不堪负荷。无奈之下，马化腾开始对用户注册实施控制。于是从2001年2月开始，腾讯对用户的注册进行限制，并逐级递减直到用户很难进行注册。尽管如此，每天还是有大量的新注册用户。

那段日子里，马化腾过得并不轻松，因为腾讯每个月的费用开支都在200万元左右，其中仅增加设备的费用就占了其中的3/4。于是到了2002年

3月，马化腾尝试着推出了“QQ 行靓号地带”的业务，开始出售 QQ 号码。2002年9月，为控制 QQ 用户的猛增，马化腾正式推出了 QQ 行号码，每月收费2元，原来的免费号码和一次性号码申请中止。到了当年的11月，QQ 发出法律警告函，封杀买卖 QQ 号码的行为。

2002年底，让广大用户“心碎”的消息出现了：免费号码和一次申请（付费）长期使用号码停止发放，QQ 主打每月2元租用费的 QQ 行号码。

中国网民已经习惯了从互联网上免费获得资源和信息，所以对腾讯的做法表示很受伤。有人反映说，他们已经容忍了腾讯的弹出广告和窗口闪烁的广告，现在又拿出这种办法增加收入，认为 QQ 这么做不光明磊落。

当时，不光是网民对 QQ 收费采取反对的态度，就连广大媒体对此也是口诛笔伐。同年8月22日，腾讯发表了重要声明。从声明来看，腾讯的反驳绝对是合乎情理的，它之所以限制注册是因为一些网友一个人就注册多个 QQ 号，占用了相当多的资源，是对公司有限资源的浪费。当然，腾讯方面也表现出了很大的克制，希望用户不要抱有成见，以此来获得一个合作双赢的局面。

其实作为一个企业，马化腾当然有权进行任何单方面的改革，而用户的权利只限于“承认”或“退出”的选择，这也是面对生存压力和市场竞争的一种无奈之举。

2002年5月，网上忽然出现一种传闻：QQ 马上要进行全员收费。到了7月，马化腾接受电话采访时说，腾讯只是对新注册用户收费，同时也会保证一部分的免费和一次性号源。至于那些比较好的靓号，是要花费每月10元的会员费用才能拥有的。

马化腾说过，其实 QQ 一直在采取收费的发展策略，比如手机注册和当天用户限量注册等商业措施都是如此。当然，对于新注册用户，腾讯会适当地增加一些相应的服务，比如更好的密码保护服务等，从而让这些花了钱的用户心理平衡。另外，马化腾还表示，在推出收费用户注册的同时，QQ 也会继续保留“免费用户”的注册申请，而且会更多地面向“海外用户”开放。

2003年6月，马化腾借着庆祝移动 QQ 3周岁生日的契机，对外宣布：新开通的移动 QQ 用户，将免费获得长期使用的 QQ 号码一个。毫无疑问，这个消息打开了长期使用号码发放之门。

2003年8月，QQ 重新向广大用户开放了免费注册服务，不过却做出了如果连续七天不登录将收回号码的规定；过了一个星期，又做出了连续一月不登录收回号码的规定；接下来又改成了三个月不登录收回的规定；最后，变成了只针对恶意注册或者长期不登录的 QQ 号码。

显然，马化腾对收费和不收费的政策调整，是他意识到了仅靠注册收费获得的微薄收入，绝对要低于用户流失而造成的损失。也正是这次风波让马化腾更加坚定地强化了他的商业模式。

2010年5月，马化腾表示：腾讯的商业模式跟其他企业不一样，它的思路是提供大量免费的服务，而当时腾讯拥有高达5亿的活跃用户，覆盖了中国过亿的网民，所以腾讯将通过免费的服务去开发增值服务，这才是腾讯主要的收入来源。

可见，马化腾谋划的这个商业模式，即便放在全球的范围内审视，也是独树一帜的。后来，这个模式被专家概括为“马化腾法则”。所谓“马化腾法则”的精髓在于，它将服务分割成两个部分，一个部分是基础业务，另一个部分是增值业务，对于基础业务来说，必须是免费开放才行，而增值业务则是多样化和高端化的。

“珊瑚虫”事件

2006年，对于很多网民和互联网企业来说，是一个很喧嚣的年头，这一年不少“流氓软件”出现在网络上，网上交易变得火爆起来，名人博客也一度成了人们关注的热点……热闹得简直像一个菜市场。

这一年，马化腾和往日一样，一如既往地在他的QQ上做着更新。与此同时，一个依靠着QQ火爆起来的“珊瑚虫QQ”，也在进行着它的收尾工作。只是这时候，珊瑚虫QQ的作者Soff没有预感到自己将要面临的是何种灾难。

珊瑚虫QQ是什么？它是一款基于腾讯QQ的第三方辅助软件，包括完整的珊瑚虫集成版安装套件和类似于外挂类型的珊瑚虫增强包。通常来说，珊瑚虫的程序在运行的过程中不会修改腾讯QQ的程序源代码。

“珊瑚虫QQ”的主要开发者是北京理工大学计算中心的老师陈寿福(Soff Chen)。早在2003年，腾讯就和陈寿福有过接触，对他提出了警告。后来陈寿福写下保证书，承诺“关闭本人网站上关于QQ软件该修改版本的下载服务，删除与该修改软件版本有关的内容，并停止传播，今后保证不再对腾讯QQ软件做出任何修改”。腾讯和陈寿福之间的恩怨表面上结束了。可是，外挂形式的QQ显IP思想，却又一次引起了陈寿福的兴趣。因为珊瑚虫外挂规避了版权问题，所以陈寿福重操旧业，继续研究起来。

在他的改良之下，珊瑚虫QQ具备了很多“炫”功能：能够显示好友的IP地址以及地理位置，还可以屏蔽腾讯提供的广告，也能够安装MSN风格的提示声音，此外在增强包中也提供了丰富的定制功能。

正是因为这一系列的附加功能，让珊瑚虫 QQ 一经问世，就受到了一些用户的喜爱；珊瑚虫每进行一次更新，都能引起新老客户的关注，这也正是 Soff 能立足于互联网市场的本钱。

不过，马化腾当时对珊瑚虫也是没有办法，因为它本身没有修改 QQ 的任何程序，因此避免了相关的版权问题，珊瑚虫外挂的优越性能立即引来了大量的下载。从一些网站的数据显示来看，它甚至超过了 QQ 本身的下载量。

每天都要追着官方 QQ 被动推出新版本，让陈寿福感到十分乏味和无聊，于是，在外挂思维以及 GAIM 与 Luma QQ 等思想的指引下，陈寿福开始琢磨着一种新的方式。他找到了一个新的执行者 Qulful，之后他写出了珊瑚虫 QQ4.0。

随着珊瑚虫的不断更新和发展，马化腾也开始注意到这个小东西的存在。他不能再坐视不管了，他要为自己小企鹅的版权讨回一个公道。

2006年9月前后，腾讯通过渠道找到陈寿福并正式控告他侵犯著作权及不正当竞争，此后经过一段时间的审理，法院判决陈寿福败诉。尽管判决书很长时间之后才被公布，但判决结果却早就对外公布出去了。当时，这个案子在圈内的关注度很高，其他的改版 QQ 制作人也在偷偷观察着，进而试探腾讯的底线。不过他们似乎感到失望了，因为马化腾在面对这一类问题时，表现出了强硬的态度，甚至拒绝庭外和解，显然有一种“杀鸡儆猴”的意思。

马化腾之所以不依不饶，是因为陈寿福的珊瑚虫触及了腾讯自身的利益。对腾讯来说，第三方改版 QQ 的盛行让原版 QQ 的用户越来越少，而各种改版的 QQ 都会去除掉 QQ 的广告。尽管对马化腾来说，QQ 客户端广告并不是腾讯的主营项目，然而还是影响到了腾讯和他的广告客户的利益。此外，由于一些改版 QQ 擅自捆绑其他软件，让不明就里的用户感到很恼火，进而将这种怨气发泄到腾讯的头上。

或许正是出于上述种种原因，马化腾才执意要拿人气最旺、技术最好的珊瑚虫 QQ 开刀。

不过，明知道改版 QQ 是在侵犯腾讯的知识产权，为什么还有这么多的“第三方”乐此不疲地扑上来呢？答案很简单，因为这其中有利可图。

就拿珊瑚虫 QQ 来说，它主要是通过捆绑插件来盈利，针对市面上比较热门的软件，插件商们都会给出比较优厚的条件让软件作者捆绑他们的插件，一个多则几毛钱，少则几分钱。虽然单价很低廉，但中国互联网用户是数以亿计的，只要有几十万人下载安装，那就是几千、几万的收入，更不要说像珊瑚虫 QQ 这种热门软件的下载量了。粗略统计一下，珊瑚虫 QQ 当时的年收入应该以百万来计算。

很显然，陈寿福的官司牵动着每一个第三方改版 QQ 作者的心弦。当时，在改版 QQ 中真正以技术著称的只有两家，一个是珊瑚虫 QQ，另一个就是飘云 QQ，其他的则是集成珊瑚虫 QQ 增强包并做了一些简单的改动。假设珊瑚虫 QQ 以后不再更新了，那么这些其他版本 QQ 的作者会转向集成飘云 QQ 甚至退出制作显 IP QQ。

审判的最终结果让第三方 QQ 改版作者们捏了一把汗：陈寿福犯侵犯著作权罪，判处有期徒刑三年，追缴117万元，再处罚金120万元，总共涉案金额达237万元。

至此，一代热门的珊瑚虫 QQ 宣告结束。

继珊瑚虫之后，飘云 QQ 的制作团队也意识到不能再继续玩下去了，所以在2007年10月11日，飘云QQ的主要作者“RunJin”和“疯狂绅士”双双宣布退出飘云显IP QQ开发。这意味着另一个具有技术性的第三方QQ退出了历史舞台。当然，也有一些其他的第三方QQ改版的作者继续在这条路走下去，不过他们的发展前景，都是非常黯淡的。因为当腾讯的利益被触及时，马化腾不会心慈手软，他会拿出绝对强势的态度去和损害小企鹅利益的争夺者们进行对抗。

其实，让腾讯QQ恢复到一个原生、纯净的状态，是更多用户希望看到的，毕竟第三方的改良版本总会隐藏着一些安全隐患。现在我们只能说，是因为小企鹅树大招风，所以才吸引了一大批前来掘金的冒险者。

反垄断和涉赌风波

当马化腾带着他的小企鹅从一个“草根”公司成长为一个互联网巨头之后，腾讯自身不免会附带一些“个性标签”，比如外界经常指责它的“垄断”以及那无处不在的“模仿”等。

2006年5月，腾讯向北京市第一中级人民法院提起了诉讼，称腾讯的手机即时通信注册用户从2005年7月开始明显地下降是掌中无限公司的PICA软件在作怪。

掌中无限公司成立于2004年，是一家从事移动多媒体通信和信息服务技术的公司。2005年初，掌中无限公司推出了PICA，它是一种与QQ的功能十分相像的软件，用户通过它可以登录QQ。

后来，腾讯发现其手机即时通信注册用户数不断下降，经过调查得知，原来是掌中无限公司“从中作梗”，于是腾讯一纸诉状将掌中无限告上了法庭，状告掌中无限侵犯了腾讯的财产所有权和软件著作权。

腾讯状告完毕，并没有对外公开此事，因为马化腾的做事原则是低调，所以不想把事情闹大。然而出乎马化腾意料的是，在他提交诉讼五个月后，掌中无限突然宣布要状告腾讯涉嫌垄断和不正当竞争，相关的媒体更大肆曝光此事，一时间街知巷闻。

掌中无限公司称，腾讯在其即时通信 QQ 中故意设置了一种可以阻碍其他即时通信商“互联互通”的障碍，这明显违反了《电信条例》中“不得拒绝其他电信业务经营者的互联互通”的要求，同时也违反了《中华人民共和国反不正当竞争法》中“经营者应当遵循诚实信用的原则，遵守公认的商业道德”的有关规定。

此外，掌中无限还表示，腾讯以各种手段给 PICA 软件和其他一些想要与之“互联互通”的竞争对手施加压力，让它们的沟通不畅。

所谓的“互联互通”，是雅虎通与 MSN 的一种合作形式，当时国内有很多涉足即时通信领域的公司纷纷加入到这个大圈子中，唯独实力最为强大的腾讯没有参与。

掌中无限这次“声讨”腾讯，要求腾讯参与到“互联互通”中的手法比较“高明”，因为它用的是法律的武器，而不是像雅虎通和 MSN 的那种变相“施压”。不过即使这样，马化腾也是绝对不会服软的。

很快，腾讯方面就委托律师，积极地回应掌中无限公司的诉讼。在法庭上，腾讯最终松了口，表示如果其他即时通信厂商也向腾讯提出“互联互通”的要求，腾讯还是会站在用户的角度考虑问题的，会本着公平、合理和互补的原则全面实行“互联互通”。

北京市第一中级人民法院见腾讯态度平缓，并无滋事之意，最后判决掌上无限公司停止借助 PICA 对 QQ 进行侵犯，并赔偿腾讯200万元人民币。

腾讯在这场官司中虽然胜诉，但毕竟已经承诺参与“互联互通”了，这样的结果对腾讯而言不能说是好，但也不能说是坏。

这场官司结束于2007年2月，腾讯在官司缠身期间，又遇到了另外一件麻烦事儿。

2006年7月，网上出现了一篇匿名文章——《就腾讯涉赌致深圳市领导的公开信》。

涉赌？这对腾讯来说可不是一件小事。几个月后，《焦点访谈》等节目开始大规模对腾讯展开“轰炸”，称腾讯利用自己公司的Q点、Q币等虚拟货币，变相地从事网络赌博。Q点、Q币是腾讯网上的一种“货币”，网民用这种“货币”可以在腾讯网上购买任何腾讯推出的具体物品和服务。

在QQ游戏中，比如21点、梭哈、三家牌等游戏都需要一定的“点数”，这种“点数”就是游戏币。而游戏币要怎么获得呢？第一，与其他游戏对手竞争，赢取他们的游戏币；第二，用Q币兑换。

腾讯虽然将Q币作为虚拟货币，只允许在网上使用，但是其售价却与人民币等价，即1Q币等于1元人民币，这便出现了问题。有的人会说，1Q币等于1元人民币，如果在QQ游戏中进行赌博，那与在现实中赌博有什么分别？

1Q币通常能够兑换10000个左右的游戏币，也就是说，现实中你花1元钱，游戏中你就有10000个游戏币。如果在现实中花几十元、几百元的话，那么在游戏里面就是“百万富翁”了。从这一点上就能看出，腾讯确实很会做生意，能把握住“人心”。

腾讯Q币兑换游戏币，在一定程度上满足了多数玩家的“虚荣心”，让他们也有了“一掷千金”的感觉。然而在输赢几十万、几百万游戏币的背后，人民币的数额也在逐渐攀升着，这些钱当然都揣进了腾讯的腰包里。

玩家在游戏中赢得游戏币后，还可以将其兑换回Q币，然后再购买腾讯网上的商品或者服务。而换取商品，算得上是腾讯另一种层面上的“交易”了。腾讯销售的商品价格远远高于现实生活中商品的价格。比如说，玩家是用游戏币换取手机，但实际上依然是用真实的人民币“买”回来的，只不过玩家不用“直接”掏腰包买手机而已，这是腾讯的另一个高明之处。

此外，腾讯官方还在玩家进行的每一场“赌局”中抽成。比如说，两个玩家在进行一场赌局，其中一个玩家输了100万游戏币，另一个玩家就会得到100万游戏币。这时，腾讯就要从中抽取10%的游戏币，最后赢的玩家只能得到90万游戏币。

据相关人士称，腾讯的游戏币是无限供应的，因此根本不需要投入本钱，是在做“无本万利”的生意。这样一来，就有人认定这是腾讯在变相利用“人民币”“唆使”玩家进行赌博。

有了上述这些事例，才有了那封匿名信。接着，关于“腾讯涉赌”的字样在众多网站上传播开来，媒体亦是“不遗余力”地争相报道。中央电视台也参与其中，对腾讯的“赌博”行为进行了披露。

中央电视台介入后，腾讯很快就关闭了“赌博味道”很浓重的梭哈等游戏。

马化腾不想将这件事闹得太大，因此很快关闭了游戏币回兑Q币的通道，让玩家只能买了Q币兑换游戏币，并在游戏中消耗掉游戏币，这在一定程度上也是“保护自己”的一种方法。因为在游戏币可以回兑Q币的时候，一些不法分子利用Q币和游戏币之间的自由兑换，展开了一系列“黑市交易”，这给腾讯带来了极大的负面影响。当腾讯宣布游戏币不可以再回兑Q币后，这种交易渐渐地消失了。所谓“塞翁失马，焉知非福”，腾讯虽然遭到媒体的“炮轰”，但是打击了“黑市交易”后，QQ游戏变得纯净多了。

“降薪裁员”惹事了

尽管马化腾做事情小心翼翼，但还是被人“捅了一刀”，这个人就是腾讯的老对手——MSN。

2006年的一天，天涯网上出现了一个帖子，名为《腾讯大幅降薪裁员》。帖子中说收到了马化腾的一封邮件，在邮件中，马化腾称要将以往的季度奖改为年终发放，而且只发放其中的60%，剩下的40%年后再发。此外，腾讯公司开始实行5%末位淘汰制，即能力不足的员工只能走人。在帖子中，这个人说腾讯的发展已经没有以前好了，股票期权也没得分。

这个帖子发出来之后，在网上立即掀起了轩然大波，网友们纷纷对此提出自己的看法，一时间满城风雨。这到底是怎么回事呢?

原来，腾讯公司之前遭遇到了MSN的“奇袭”，不少员工都被挖走了，腾讯方面或许认为这是“报应”——因为腾讯之前也挖走了MSN的熊明华。为此，马化腾想出了一个办法，决定实行新的薪酬制度和末位淘汰制。一方面，新的薪酬制度中的季度奖变为年终奖，可以避免有的员工拿完季度奖就走；另一方面，5%末位淘汰制能够在公司内培养出一种“激烈竞争”的氛围，有利于公司的快速发展。

这样的想法非常好，然而事情的发展却超出了马化腾的掌控范围。在马化腾还没有公布新政策之时，那封突如其来的邮件打乱了他的全盘计划。

腾讯公司内的员工纷纷表现出了不满，一时间腾讯公司内部怨声载道，人人都对马化腾等高管有了意见。

马化腾自然清楚，这样的情况如果持续，必定会动摇军心，再加上MSN的介入，腾讯必定受挫。实际上，马化腾的此种做法并不过分：一是为了保住公司内部的核心力量，二是为了将腾讯做得更强，因此推出了5%的末位淘汰制，却不想被外界认为是“降薪裁员”了，这真是“风马牛不相及”的事情。

随后，马化腾将原定计划打乱，迅速地对“降薪裁员”事件做出了反应，并公开发表了声明。在声明中，马化腾强调腾讯并不是“降薪裁员”，而是为了适应公司的发展要求而制定的新政策，希望更加完善公司的体制，以便能够将腾讯打造成真正意义上的国际化公司。“降薪”和“裁员”之事，纯属“无中生有”，腾讯根基牢固，财务状况良好，而且之前提出的“在线生活”战略目标已初见成效，腾讯公司怎么会因小失大呢?

到此，腾讯总算是又熬过了一劫。马化腾在腾讯的发展过程中表现出的更多是坚韧和灵敏。马化腾遇事沉着冷静的态度和快速寻找解决方法的反应，是沉静型领导者的风范。

网络诈骗该怪谁

常言道：树大招风。当马化腾将腾讯这个小企鹅变成了一只硕大无朋的“帝企鹅”之后，“风”也就来了。

随着QQ用户的不断增多，腾讯渐渐被一些活跃在网络上的犯罪分子盯上了，结果小企鹅成了网络犯罪的最大受害者之一。马化腾表示，他最担心的就是安全问题。在腾讯2006年的年报中，提升用户安全被列为最优先处理的项目。

2005年12月，马化腾在接受《中国新闻周刊》的采访时说：“我觉得，从互联网大环境来看，整个社区肯定有好有坏。我们做了大量努力，但是像现实社会一样，还是会发生很多利用人性的弱点的案例，比如获得信任之后去行骗。这不是技术的问题，而是人与人之间沟通的问题，反映了一个真实社会也会有的情况。”

事实正是如此，即时通信只不过是一个通信平台。马化腾只是为广大网民们提供了一个工具和平台而已，好比那些提供邮件服务的运营商，邮件的内容是无法直接进行监管的，只能采取某些技术手段，对群发的邮件、垃圾邮件进行适当的限制。

尽管马化腾难以对所有内容进行监控，但腾讯还是不遗余力地对网民进行防骗的教育工作。在 QQ 的界面和对话框的显著位置，经常会有提醒网民谨防上当的警示语。此外，马化腾还通过一系列的技术升级与服务优化，进一步增强了 QQ 的安全性。

2007年3月，马化腾在“网络与知识产权刑法保护”研讨会上说：“计算机及网络领域的新型犯罪也接踵而来。现在我们所接触到的一些网络犯罪行为，多以窃取用户‘互联网服务使用账号’等手段来达到侵权目的，这些行为扰乱正常的网络秩序，给广大人民群众的现实生活带来诸多负面影响。然而，我们能明显地感受到这类违法犯罪事件频繁发生却难以控制，除了该类行为具有隐蔽性强等特征之外，还有社会环境、法律体系、技术、管理、教育等多方面的原因。例如，当前的法律对许多网络不法行为还难以定罪或者量刑过轻，起不到应有的惩戒与震慑作用。同时，网络道德标准没有确立，缺乏正确的教育引导，一些实施网络侵权行为的不法分子，如黑客、病毒制作者等反而被当成‘技术天才’，使我们的社会评价体系发生了不应有的倾斜。”

2007年1月8日，为遏制网络盗窃行为，马化腾联合网易、金山、盛大、九城等四家知名网络服务商，共同发表成立“反网络盗窃联盟”的声明，希望对网络盗窃予以严厉的惩罚和打击，帮助用户维护其网络财产的安全。马化腾也表示，希望和其他同行一起以积极的态度和创新的精神，同这种龌龊的盗窃行为坚决斗争，将互联网建设好、利用好并管理好。

目前，腾讯在公司的运营方面已经将重点放在了关注安全、稳定和网络质量三个方面，其中重中之重就是安全问题。为此，马化腾一直和金山等国内一流的防病毒厂商开展深度合作，共建QQ的安全中心，此外还不忘和国家有关部门联合起来，共同打击对用户利益侵害严重的非法挂机网站以及一些恶意广告网站。在稳定性维护方面，马化腾还将计划对后台系统进行软硬件方面的优化，从而保证服务质量的可靠性。此外他还建立了24小时值班中心，一旦发现异常现象马上做出反应。

为了满足用户使用QQ时的安全需求，帮助指导用户更专业地使用QQ安全防护措施，马化腾还十分具有开创性地设置了“QQ安全自习课”。所谓的“QQ安全自习课”其实是一个在线学习课程的虚拟课堂，它将网络上比较典型的案例拿出来，结合多种安全领域提供个性化在线学习课程，并以幽默直白的漫画讲述了与QQ有关的各安全领域的问题及处理方法。

众说纷纭的“3Q大战”

2010年春节对于一些奇虎360的老员工而言，注定难以忘记。就在这一年的大年三十，腾讯以QQ升级的方式，在用户计算机后台默认捆绑安装了“QQ医生”（一款安全防护软件）。

对于腾讯开发安全类软件，其实奇虎360的高层并不觉得意外，因为马化腾已经带着他的团队将业务的触角延伸到了互联网中的各个角落，只不过QQ医生的出现让奇虎360觉得实在太快了一些。尽管此时的奇虎360依靠免费安全模式重塑了杀毒软件行业的规则，然而和腾讯相比，奇虎360毫无疑问是一个刚起步的小公司。

本来这件事并没有什么大不了，可是在2010年5月，"QQ医生"忽然改名为"QQ电脑管家"，无论是产品功能还是服务内容，都和"360安全卫士"很相似。到了当年中秋节，腾讯再度发动第三轮攻势，在二三线城市中默认用户捆绑安装"QQ电脑管家"。

马化腾的这个招数很不简单，让"QQ电脑管家"和QQ捆绑绝对是一招必杀绝技，效果十分明显。奇虎360也知道，腾讯的"QQ农场"取代了全民的"开心偷菜"，"QQ棋牌"取代了"联众棋牌"，自己也将会遭到类似的命运吗？

9月27日，奇虎360发布"隐私保护器"，用以监控IM软件是否侵犯用户隐私。结果显示，QQ涉嫌侵犯用户隐私。腾讯否认并反指360浏览器涉嫌不正当推广。

为了生存和自保，奇虎360不能眼睁睁地看着自己好不容易抢来的市场份额被腾讯夺走，于是他们决定开发一款腾讯难以复制的产品。当年9月底，奇虎360公司又推出了"扣扣保镖"，主打口号就是"反捆绑"和"过滤QQ广告"。这款软件的最大价值就是，能够让用户任意选择是否要过滤QQ广告。

这个招数放出之后，奇虎360就严重触及了腾讯商业模式的根基。于是到了11月3日，腾讯官方马上发布了著名的《致广大QQ用户的一封信》，信的内容十分简单：要么使用360软件卸载QQ，要么保留QQ删除360软件。至此，这场从默默对抗演变为正面冲突的"3Q大战"发展到了白热化阶段。

在残酷的“二选一”之下，很多用户被迫删除了360软件，因为在他们看来，杀毒软件有很多，但是即时通信软件只有QQ用得最顺手、最习惯。

在腾讯“二选一”推出的一天之内，360安全卫士遭用户卸载20%。当时的情况是，360安全卫士装机量差不多达到了2亿，这意味着在一夜之间就有4000万用户卸载了曾经保护他们计算机的360安全卫士，但还是有一些用户喊出了“360保护我的计算机无数次，这次换我来保护你”这样具有号召性的口号。不过，奇虎360终归力量弱小，在当年的11月4日做出了让步，通过弹窗宣布召回“扣扣保镖”软件。11月21日，工信部正式介入“3Q大战”。在政府相关主管部门的调解下，两家公司分别向社会公开致歉，并宣布恢复了QQ和360安全卫士的软件兼容。

我们不得不承认的是，马化腾今天的这种随心所欲也是当初苦熬了多少次磨难换来的。对于任何一家企业来说，其自身的规模只要成长到一定程度，必定会下意识地衍生出某些商业行为，这原本就是无可厚非的。

其实，“对簿公堂”也是“3Q大战”的一个阶段。2010年10月14日，腾讯就隐私保护器侵权起诉奇虎360不正当竞争。2011年4月，法院判决奇虎360败诉，并赔偿腾讯40万元。2011年6月，腾讯就“扣扣保镖”起诉奇虎360，法院判决奇虎360败诉，赔偿腾讯500万元。2011年10月，奇虎360起诉腾讯滥用市场支配地位，结果仍是败诉，并承担全部诉讼费用。

有业内人士认为，“3Q大战”的过程其实比结果重要多了。在这场旷日持久的争斗中，奇虎360为了生存进行抗争，或许也可以看成对互联网巨头的一种挑战。如果没有奇虎360与腾讯的正面对抗，那么马化腾可能将继续“模仿+捆绑”的运作模式，而在一定程度上忽视用户的感受。好在，腾讯通过“3Q大战”听到了用户的诉求，及时调整了原有的商业策略。

第五章

企鹅可是土豪命

“移动梦网”是块宝

在领着腾讯掘金的道路上，马化腾既是探险者，也是一个受惠者——有些业务是他凭着企业家的敏锐嗅觉寻找到的，有些业务则是机遇的恩赐。在企鹅帝国的成长史上，得益于时代的恩赐屡见不鲜，其中比较重要的一个便是“移动梦网”。

移动梦网是什么？在说它之前，不得不提一下SP。SP是Service Provider，也就是“服务提供商”的英文缩写，指的是移动互联网服务内容应用服务的直接提供者，负责根据用户的要求开发和提供适合手机用户使用的服务。

顾名思义，SP业务就是移动增值业务。如果从企业业务开展的角度划分，SP基本上能够分成两大类：第一类是门户型SP，由门户网站提供的短信服务，主要是一些门户网站，其短信服务的内容基本上囊括了铃声、图片、新闻、游戏等；第二类是专业型SP，主要以短信作为主业的公司，提供的服务品种和门户型SP大致相当，如果从具体的业务来看，专业型SP的优势在于不断创新的技术和创意性服务。

除此之外，还有一种类型的SP，那就是专项型SP，腾讯做的就是这一类。和其他传统的短信服务商不同，腾讯没有常见的图片、铃声、游戏等业务，而是将主要精力放在了自己具有优势的QQ衍生短信服务上。

2000年4月，腾讯QQ的注册用户突破了500万大关；同年5月，同时在线人数超过10万人；到了6月，注册人数已经超过了千万。

2000年8月，许多门户网站继续被互联网“寒冬”所摧残，还没有从网络股的泡沫破灭中缓过劲儿来。可偏偏就是在同行们集体哀号不断的时候，马化腾和广东移动草签了合作协议，通过网络与中国移动的互通，让QQ

用户可以和广东地区的移动用户通过移动QQ和手机短信，实现信息随时随地沟通。

2001年4月，中国移动决定跟SP们真正结算收入时，马化腾已经积累了大半年的经验，而“移动梦网创业计划”拯救了他和他的小企鹅。在和很多内容服务商的竞争中，马化腾凭借着“移动QQ”马上占据了一席之地。

“移动QQ”服务的功能，充分利用了移动通信运营公司的GSM、SMS和WAP系统跟腾讯的QQ系统互联，让移动电话用户能够直接和QQ用户进行短信交流。可以说，“移动QQ”是互联网发展史中首个3G产品。

2001年，在马化腾的积极努力下，腾讯已经和全国所有省市的运营商建立了合作关系。为此马化腾说过，他们的第一个盈利方式就是依靠无线增值业务，其中主要是移动QQ。由于当时移动梦网还没有出来，所以他们在梦网出现之前一直在努力做。

其实，在中国移动最初推出“移动梦网”服务时，它也没有想到这项创新性的手机互联网服务居然挽救了一批互联网公司。

从推出移动QQ的第一天开始，马化腾就开始着手研究，不断地改进该服务的用户体验。2002年11月，在第三届“西湖论剑”大会上，马化腾被问到移动QQ的发展前景时，说了这样一段话：“腾讯公司刚刚和中国移动公司同步推出了彩信服务，可以把彩色、动感的QQ形象发送到手机上，以后腾讯公司还将继续推出更加富有特色的服务，使得手机就是计算机，沟通方式更加多样化。”可以看出，在短信与移动QQ业务上，腾讯成了移动梦网的骨干力量，在移动梦网中的份额最高时占到七成。

2003年，马化腾认为从无线业务发展的情况来看，腾讯在无线业务和增值服务上面已经找到了适合自己的盈利模式。因此他通过不断的摸索和改善，在无线业务方面拥有了通信类、娱乐下载类、交友类以及游戏类等五大类二十多种业务。后来，随着“动感地带”品牌的推出，马化腾的无线数据业务又找到了新的方向。

无论跟通信运营商的合作是否愉快，移动 QQ 毕竟为马化腾带来了丰厚的利润，甚至在很长的一段时期占了整个公司盈利收入的一半左右。而中国移动利用移动 QQ 也提升了它的数据增值业务。不过，随着中国移动向“移动信息专家”转型，他们开发出了飞信业务，并在2006年让这项技术逐渐成熟。

虽然飞信被中国移动这个“土豪”开发出来，但是他们面对的是缺少用户的尴尬，所以中国移动希望能够让飞信和移动 QQ 的几百万用户实现互联互通。不过，这个提议对马化腾来说可不是什么好消息，这时候腾讯 QQ 已经占据移动 IM 市场60% 的份额，自然不愿意和别人分享他们700万的 QQ 用户。

让一些业内人士感到意外的是，2006年12月29日，在中国移动即将终止和所有从事无线 IM 业务的 SP 合作的最后一天，腾讯忽然在香港地区宣布：将和中国移动合作开发飞信 QQ，并将他们的移动 QQ 用户过渡到飞信平台。自然，腾讯和中国移动的相关协议也将延长半年的时间。

2008年，飞信 QQ 用户终于超过了千万人，中国移动为了继续保持用户增长和服务体验，继续跟腾讯合作。不过随着飞信的发展速度越来越快，中国移动对移动 IM 的收入必然会生出越来越强烈的掌控欲望和能力。所以腾讯也及时地调整策略，尽量避免和中国移动这样的通信巨头抢夺 IM 收入，而是开拓其他延伸出的收入。没过几年，一个叫“微信”的东西诞生之后，立即在通信行业引起了巨大轰动。

异军突起的微信

2011年1月21日，腾讯推出了微信：一个专门为智能终端提供即时通信服务的免费应用程序。就像大多数智能终端上的软件一样，微信支持跨通信运营商、跨操作系统平台，而且能够通过网络实现快速地发送和接收信息，所消耗的流量也非常少。此外，微信上面还集成了摇一摇、漂流瓶、公众平台等服务插件。

微信一经推出，立即受到了广大移动客户端用户的青睐。2012年3月29日，微信用户一举突破1亿大关，前后用时只有433天！

在微信逐步由封闭走向开放之后，很多 APP 制作者感到了恐惧。自从“3Q 大战”后，马化腾一直将“开放”作为腾讯发展的主题，当然这种开放不是绝对意义上的开放，准确地说，是抱着宽容的心态和搭建平台的思维，一步步地将整个互联网中的各个分子有机地结合在一起。

马化腾认为，中国的互联网企业国际化并没有取得成功。为此，他说了这样一段话：“过去中国互联网模式都是从美国复制过来，‘走出去’不太可能。随着移动互联网浪潮席卷全球，很多国际互联网巨头自己也并没有准备好，或者受限于原有 PC 或者 Web 服务和习惯的牵绊，（他们）很难做出纯移动互联文化的产品。现在亚洲的移动互联网和手机一定程度上发展速度比西方还快，这给中国互联网企业一个千载难逢的机会。”

现在，微信已经被马化腾当作探路国际化的一种武器。马化腾相信，微信的创新速度已经超过了欧美的同类产品，比如开放性的平台、商业模式的嫁接、朋友圈社交……这些都是腾讯的独创，和原来的产品相比有了很大的差别。

微信的迅速崛起，给运营商短、彩信等传统业务带来了巨大的挑战，于是出现了“微信收费事件”。

从2013年2月底开始，一条关于电信运营商要向微信收费的传闻引发行业震荡。同年3月31日，工信部部长苗圩在第二届“岭南论坛”上讲到，将支持电信运营商的合理需求。谁知这个消息放出之后，立即遭到了广大用户的反对，用户认为自己已经花了流量费和网费，再对微信收费的话等于是双重收费，严重损害了消费者的利益。2013年4月23日，工业和信息化部新闻发言人张峰在国新办例行新闻发布会上表态：互联网和移动互联网等新业务是否收费，不是由哪一方来决定的，而是由市场来决定的，工信部将坚持“其经营者依据市场情况自主决定”的原则。从这之后，微信收费风波暂时得到了平息。

可以看出，主张“微信收费”，是在运营商被马化腾逼得收入日益减少的窘境下提出来的，不过这个提法也引起了广大用户的反感。从马化腾这边来看，他当然也深知腾讯目前和运营商之间的关系比较敏感和微妙，不过他认为微信的产品概念和运营商提供的通信服务并不相同，也不属于传统运营商的业务范畴，所以未来的发展方向将趋于合作而非对抗。

“网民币”印刷工厂

小企鹅随着马化腾对腾讯业务的拓展和融资的成功，渐渐从“贫困户”发展成了“小土豪”，它不仅具备了吸金的能力，还增添了造金的功能——卖Q币。

Q币，简称QB。它的兑价是1Q币=1元人民币，在腾讯的拍拍网交易一般都是九折。它是由腾讯推出的一种虚拟货币，用来支付QQ的QQ行号码、QQ会员等服务。

有些学者认为Q币的存在会冲击中国的金融秩序，为此给出的理由是：根据《人民币管理条例》，人民币是我国的法定货币，在现实中是有数量限制的，然而Q币等虚拟货币却能够无限发行，所以当虚拟货币代替人民币成为网上交易的一般等价物时，自然会冲击中国的金融秩序。另外还有人指出，在QQ游戏的游戏币赌场里，赌注通常都很大。由于游戏币是能够和Q币自由兑换的，所以Q币在某种程度上具备了“黑市货币”性质。

其实，Q币只是用于购买腾讯的增值服务，根本谈不上进入金融体系，如今对Q币的追逐，只能说是网民对Q币的一种热捧。毕竟，腾讯发行的Q币不是真正意义上的货币，本身不存在其他的交易功能。另外，腾讯对Q币实行的政策是单向兑换，也就是说，用户一旦购买了Q币就不能再兑换成人民币。

Q币的流行，也与互联网早期支付手段的匮乏有着密不可分的关系。那时候，玩家们购买游戏装备只能到银行汇款，这样比较麻烦，因为出售一件装备，往往要商谈很长时间。后来，Q币交易慢慢取代了传统交易。

那么，这么多人通过各种手段进行Q币交易，这些Q币用在了什么地方呢？ Q币可以兑换不同论坛中的积分、可以换取各类商品、可以付广告报酬等。由此可见，如今买卖Q币已经不单纯是为了享受QQ提供的服务。

面对一些专家的质疑，一些网友觉得这种说法未免有点“危言耸听”，因为Q币现在还不能作为一般等价物，这里面存在着一个信任问题：那就是必须有一方主动让步去承担网络交易的风险。一般来说，除了同城见面交易之外，异地交易必须寻找一个双方都信任的担保网站，大家把装备和Q币都给这个网站，然后由这个机构进行转发。

既然Q币如此受到网民的青睐，那么腾讯究竟发行了多少枚Q币？这个数字腾讯是不可能公布的，因为无法进行统计。

如果按照金融学定义来看的话，货币是固定充当一般等价物的特殊商品。然而国内的现实情况是，人民币是由国家发行指定的唯一货币，那么Q币是否已经成为网络上流通的虚拟货币呢?

有些专家觉得，Q币还算不上虚拟货币，而是在网上某些网友自己认可的一种符号，说Q币冲击人民币则根本不可能，因为市面上的人民币绝不会随着Q币的增加而多印刷。Q币的发行是以人们购买量为基准的，跟国家的金融体系扯不上关系。

尽管如此，还是有些人认为，Q币已经具备了货币的雏形，正走在真正意义上的“虚拟货币”的边缘地带，只要腾讯公司有潜力，Q币的世界货币功能并不是天方夜谭。

现在网络上有很多虚拟货币的发行商，由于国内相关法律的真空，国家没有对他们采取任何的监管措施，因此无法统计其发行量。为此有人大胆地预测，这种现象很容易引起网络通货膨胀，最终只会让网民的利益受到侵害，也会让网民丧失对互联网交易的信心。

正是出于这个原因，一些法律人士觉得应当让中央银行对网络虚拟货币交易的后果重视起来，从而严格规范网络虚拟货币的发行主体资格。

马化腾也调整了有关Q币的政策：腾讯Q币将不能再与游戏币互相转化，游戏币只能通过买游戏道具赠送，这意味着之前Q币流通所用的地下通道即将关闭。由于网上贩卖的Q币大部分都是通过盗号获得的，所以马化腾坚决抵制和打击这种行为。另外，腾讯也会丰富并加强技术手段，彻底根除这种扰乱互联网虚拟交易秩序的现象。

增值业务玩得爽

随着Q币被一些专家推到了风口浪尖，腾讯的虚拟类商品也越来越多，这体现出在互联网时代，广大网民对虚拟服务的狂热追求。马化腾紧紧抓住这个机会，在虚拟服务市场再次创造了奇迹。

QQ最大的一个虚拟服务当数QQ秀了。

大约是在2002年的一天，一个名叫许良的腾讯产品经理在韩国考察时，偶然间发现一个名叫“Avatar”的游戏在当地一个叫“赛我网”的网站非常受欢迎。在这个游戏中，用户可以根据自己的喜好，随意更换虚拟角色的造型，比如发型、服饰、表情等，而这些造型需要支付购买。许良马上意识到，如果将虚拟形象引入QQ，让QQ用户通过虚拟形象来传递信息，岂不是开辟了一条盈利的新渠道吗？

“Avatar”一词源于印度梵语，意思是“分身、化身”，在网络上Avatar成为虚拟形象的代名词。另外，Avatar这个词语也是科幻电影《阿凡达》的名字。

马化腾觉得许良的建议很有可行性，因为QQ秀这样的服务，会让很多的用户觉得是一种情感的寄托，它代表了人们希望在别人眼中的形象，是自身的一种存在感。

尽管马化腾对QQ秀的前景很有信心，但是作为一个决策人，他不会轻易对一件事拍板，更不会盲目跟风或者无端创新，他需要的是学习最佳案例然后超越他们。为了让腾讯继续发展下去，马化腾可以说进行了多次的尝试，最后发现韩国和中国在文化上有相近之处，比之于欧美国家更有可借鉴性，于是将其作为长期稳定的学习对象。

2003年1月，QQ秀正式对用户开放。当时马化腾的想法是，要按照服装行业的规则来经营 QQ 秀。比如，传统的服装行业里，品牌是很关键的因素，一个人穿什么品牌的衣服就代表了怎样的品位。而 QQ 秀更多的就是依靠款式来展现个人品位的，所以在 QQ 秀商城里，像耐克这样的名牌虚拟服装随处可见。

在 QQ 秀开放之后的一段时间，马化腾找来了耐克等国际知名公司，将这些公司最新款的产品、服饰等形象放到网上，让用户下载“试穿”。当然，所有的注册用户都能够继续享有免费服务。由于 QQ 拥有大量用户基础，所以腾讯没有花一分钱就得到了这些大公司的产品设计，而用户也愿意让自已站在时尚的前沿地带。最后，马化腾还向这些大企业索要了广告费，而对方也是一百个情愿地掏出了银子。于是，QQ 秀给马化腾带来了巨大的收益。

除了衣服饰品之外，马化腾还和娱乐影视业相结合，共同开发 QQ 秀形象。2005年，腾讯携手电影《无极》推出了《无极》人物造型系列的 QQ 秀。对此，马化腾的想法是，由于中国人在线生活的实现，所以满足用户的娱乐需求也变得越来越重要，而影视正是这种娱乐最重要的体现。

以 QQ 秀作为发端，马化腾找到了一个无线增值之外的全新商业模式，他将其叫作“互联网增值业务”。在此基础之上，马化腾还推出了 QQ 空间和 QQ 宠物等增值服务和产品。

QQ 空间的诞生，标志着中国第一家大规模盈利博客服务的诞生。虽然它是免费使用的一种虚拟服务，能得到简单的模板和礼品，然而很多用户为了让空间更美丽，往往会花钱购买更高级的服务，于是，QQ 空间通过出售虚拟商品盈利不少。

和 QQ 秀相比，QQ 空间“捞钱”的本事更大一些，毕竟 QQ 秀只能卖卖衣服、道具和背景之类的小玩意儿，而QQ空间可以出售很多东西，大到桌椅板凳，小到鲜花野草，统统可以购买。这些让人眼花缭乱的产品，让不少用户产生了购买的欲望，并伴随着博客的火爆而一度走俏互联网。

QQ宠物和QQ秀、QQ空间不太一样，它是马化腾利用用户心理需求缔造的产品，他让那个憨态可掬的小企鹅变成了招人疼爱的虚拟宠物，不少用户为它花钱买东西。QQ宠物成为腾讯日进斗金的王牌产品。

在马化腾看来，腾讯之所以开发出种类繁多的增值服务以及后来上线的网络游戏等新业务，完全是基于一种企业自身存在的危机感。马化腾相信，门户可以帮助腾讯黏住用户，网络游戏可以帮助腾讯增强品牌吸引力，而增值服务可以满足用户的消费需求，所以他将在这条道路上不断探索下去。

不Q的日子，你好意思吗

腾讯QQ自从上线的那一天开始，就引起了广大中国互联网用户们的热切关注。这个神奇的软件和手机、计算机的有效结合，成为人们生活中必不可少的组成部分。

随着高新科技的发展，马化腾缔造出的小企鹅逐渐变成了人们的通信录，每个人都可以拥有属于自己的账号，通过QQ账号可以结识天南海北的人。

为了满足大众需求，马化腾也不断对小企鹅进行创新，持续更新着版本，让QQ的功能越来越强大。随着高新技术的不断发展，QQ也在不断引进更多更强大的功能，在满足人们对新鲜事物的渴望的同时还能服务于大众。为此，有人无不感慨地说："在QQ上，一些人来，一些人走，然而

QQ 却永存。”

相关调查显示，QQ 现在已经成为继电话和手机之后、中国人的第三大沟通工具。而且从使用频率来看，QQ 甚至超过了固话和手机。

很多时候，当人们上网使用 QQ 聊天时，估计已经忘记了 QQ 是一个互联网产品，而是将它当作和茶杯、椅子、锅碗瓢盆等一样的生活用品。不管你承认与否，QQ 正在像水和电一样，一点一滴地渗入每个人的生活，丰富人们的精神世界和物质世界。

微信改变生活

随着微信平台应用的不断泛化，为数不少的企业越来越意识到其中隐藏着的巨大商机，微信带给人们生活的影响也越来越重大。比如，曾经盛极一时的手机打车软件，让不少用户享受到了极大的便利。另外，微信的一些新应用优惠策略也让不少用户动了心。除此以外，通过微信找工作，通过微信逛超市，甚至微信招亲都可能在不远的将来成为人们所熟知的功能。

打车软件给那些赶时间或者对道路不熟悉的朋友带来了极大的便利，也在一定程度上调节了出租车实载订单，从而对社会资源进行了有效的整合。除此之外，同步推出的微信支付等消费形式，也在 PC 端之外为用户提供了更方便的业务。

另外，基于微信扫描技术产生的微信超市购物和微信招聘，也成为近几年手机应用软件中的新鲜事。

相对实体店的高价格，网购也带来了一些假货问题和售后问题，而且一些责任心不强的快递也在其中起到了破坏作用，成了买卖双方都切齿痛恨的对象。

现在，随着微信扫描的功能日益普及，很多消费者看到了一种新的购买模式——只要拿着手机对准某个商品轻轻扫描一下，就能够查看很多相关信息，甚至可以判断出商品的真假。随着日后微信超市购物技术的逐渐成熟，用户通过就近的超市送货也将成为一种全新的网购体验。

微信最重要的社交功能，虽然其信息的保密性和真实性还存在一些问题，不过随着微信应用的不断完善，今后必定会出现更加系统化和科学化的网络认证和安全保障制度。

和QQ相比，微信的好处是随时随地都可以分享信息，而不必受制于有没有计算机；而且微信是直接连通了手机的拍照功能，可以将随手拍下来的图像和视频实时地传输到朋友圈中，这一点就比QQ具备了更大的优势。微信分享生活，更让人有一种现场感，让人们能够最大限度地嗅到生活的气息。

当然，作为一个新生事物，微信本身也存在着一些不可避免的缺陷，那就是它的封闭性很强，通常在一个朋友圈子里，人们所能看到的分享和转发内容，基本是围绕同一个信息大类的，甚至还会有很多重复的信息出现。从这个角度来看，微信将一个圈子中的人的视野局限住了。不过，换一个角度来看，正是因为微信将一个圈子的人“包裹”在了一起，所以才能集中人们有限的注意力，让大家对很多关键的信息做到充分吸收，而这种吸收对一个人的思想观念和行为模式都有着重要的影响作用。

在微信大行其道之后，更多的人对手机的依赖程度加深了，也就出现了朋友聚会中纷纷低头玩手机的景象。对此，有人很悲观地认为，这种社交方式颠覆了社交的本质意义，微信让陌生人之间变得更近，却让熟人之间变得遥远。不过，也有人认为，这是现代社交的一种改变，没必要对此杞人忧天。

有关微信，实在是有太多的话题，也存在着太多的争议，不过有一点可以肯定：无论你用不用微信，它都在那里，不离不弃。

“企鹅爸爸”和“企鹅妈妈”的故事

马化腾是一个带有极客气质的技术型人才，也是一个资历颇深的网虫，早年他的时间大部分都泡在了网上，每天至少上网三个小时，最痴迷的时候一天上网十几个小时。创办了腾讯之后要忙于事业，没有时间做别的事情了，即使有时间上网，顶多也就是一个小时左右。

由于马化腾理工男技术宅的特性，所以根本没有时间谈恋爱。想来也许他自己都没有想到，他一手创办的小企鹅竟然会成为他的红娘，将千里之外的姻缘用网线牵来。

2004年5月的一天，一个腾讯的香港地区员工到深圳进行交流工作。由于这位员工不会用 QQ，马化腾就用自己的私人号码登录了 QQ，教给这位香港同事怎么用 QQ 加人。当时为了添加方便，马化腾开放了添加好友的限制，让其他人可以随便加他。很快，就有一个陌生女孩加了马化腾。

当时，那女孩问马化腾：“嗨！你是谁呀？”马化腾随便一答：“我是企鹅的爸爸。”女孩还以为马化腾是在和她开玩笑，于是也很幽默地说：“那我就是企鹅的妈妈了。”女孩快人快语，自我介绍叫王丹婷，是哈尔滨师范大学管弦系青年讲师。

三个月后，马化腾去北京出差，恰巧王丹婷也要去北京开演奏会，于是他们就有了第一次见面的机会。

见面那天，王丹婷从马化腾手里接过名片，这才知道他真的是“企鹅的爸爸”。马化腾给王丹婷的印象是为人真实坦诚；王丹婷给马化腾的印象则是文静娴雅，举止得体。

两个人在北京的行程结束之后，就各自回到了属于自己的城市。从那以后，每到晚上和周末，王丹婷就坐在计算机旁等候着马化腾上线，不过因为马化腾实在很忙，所以上线的机会也很少，但是只要两个人在网上碰到了就会畅快淋漓地聊一场。渐渐地，两个人对彼此产生了好感，后来他们又找机会见过几次面。

和王丹婷交往不久，马化腾向对方求了婚。就这样，两个人从网络邂逅到相知相爱，前后用了半年多的时间。马化腾用自己开发的聊天工具找到了自己的另一半。

马化腾和王丹婷将他们的爱巢选定在了深圳。房子前面原本有个人工湖，景色迷人，不过却生出了很多的蚊虫，这让王丹婷每天都遭受蚊虫叮咬。为了不让爱人受罪，马化腾买下了这个湖并找来工人将其填平，由此改造成为一个大园子。后来，王丹婷就在这个园子里种了许多果树：桃树、葡萄……

当时，看着满身泥土的王丹婷，马化腾总是很心疼，一次他突然冒出个新想法，他要替妻子开拓一款网络游戏。有了想法，马化腾立即付诸实施，他和公司的技术人员讨论了几个昼夜，最终通过了测试，随后正式向广大用户开放，这就是曾经风靡一时的QQ农场。

结婚之后的马化腾发生了很大的变化，过去马化腾总是每天工作到半夜也不下班，不断地找出很多问题来给相关负责人员，大家一起解决问题。现在不一样了，马化腾的下班时间提前，一般是晚上九十点钟下班回家。

尽管如此，马化腾依然是一个工作狂，腾讯的员工们总是能在第二天早上看到马化腾写给他们的关于产品改进建议的电子邮件，而发邮件时间通常是前一天晚上的十一二点。

马化腾结婚后的另一个变化是开始注重衣着了，在王丹婷的指点下开始对着装有了概念。每当他出现在公众面前时，也多了几分自信、时尚和洒脱。

对马化腾而言，王丹婷是他坚强的后盾，也是他快乐的来源。在马化腾看来，他能够娶到王丹婷，他的人生更有底气了。

王丹婷对夫妻关系有着自己的看法："有人说，男女之间应该像一个缺了口的圆，刚好找到一块三角形凑上。但如果那块三角形长大了呢，你这个缺了口的圆不就装不下了吗？所以两个人都应该是圆，大大小小不要紧，关键能一起蹦蹦跳跳地向前滚。"王丹婷就是以这种聪明、宽厚、体贴的方式爱着马化腾，享受着他们之间那种既独立又依赖的爱情，让他们的人生充满乐趣和新鲜感。

第六章

决战在即时通信之巅

小马哥慈悲养老虎

正当马化腾的小企鹅作为中国互联网界的一颗新星冉冉升起之际，来自国外的一款即时通信软件也进入了这块战场，它叫 MSN。

MSN 是由鼎鼎大名的微软公司成立的因特网服务提供商，它在1995年8月24日随着 windows 95的发行而面世，人们可以通过 MSN 邮箱从 www.hotmail.com 中进行免费下载。而 MSN 的功能也很齐全，它具备了聊天、视频和通知用户接收邮件等一系列互联网在线功能。

相比于马化腾的 QQ，MSN 的优势是跟 windows 的完美绑定，让用户不必担心为了安装 MSN 而准备硬盘空间（在硬盘容量很小的20世纪90年代这个优势非常明显）。由于中国至少有90% 的用户的计算机都是安装的微软操作系统，因此被绑定其中的 MSN 也大受中国用户的欢迎和喜爱。

其实，微软将 MSN 绑定在操作系统中，是一种典型的垄断行为，在欧美国家中很多人都曾和微软打官司，认为它这是赤裸裸的侵害用户权利的行为，因此微软不得不在某些方面有所收敛。只是，当时的马化腾还没有这种反垄断的意识，不然他可以直接通过法律手段对微软进行控诉。如此，广大中国用户的计算机中将不会存在 MSN 这个软件了。

到了2001年10月，微软进一步采取行动，推出了中国版本的 MSN Explorer 软件，同时照例捆绑了经过专门定制而成的 MSN 中文版本门户站点的链接：china.msn.com。很显然，微软的这一系列大动作摆明是要抢占中国这块巨大的市场。

当时，中文版的 MSN 网站的托管地被设在了美国。微软亚洲 MSN 分部总经理解释说："中国对国外互联网内容提供商的限制较为严格，这样我们的网站在法规上不会遇到麻烦。"

微软的这一系列动作都是在毫无征兆的前提下进行的，一时间让马化腾和其他即时通信软件都不知道该怎么办才好。虽然当时媒体一直在盛传MSN落地中国的野心，然而这些消息无一例外地都被微软否定了。由此可见，微软对中国市场的揣摩程度达到了很深的地步，他们不会轻易暴露出自己的目的，为的是减小进入市场之后跟同行的竞争。

面对MSN的悄然进入，马化腾并没有显出慌乱，他说："有压力是好事，我们会避其锋芒，不会与它硬拼。"

2002年10月24日，比尔·盖茨在纽约的中央公园参加了MSN 8.0在美国和加拿大的首发仪式。同时，微软MSN亚洲区总经理也来到了北京，和五家专业的媒体见了面，完成了在MSN在中国的首次推广。对于亚洲区总经理的到访，不少人猜测微软必定是加快了向中国市场推进的速度。不过这一次人们的猜测再度遭到了微软的否定。

微软虽然对MSN的进军计划遮遮掩掩，但有一个事实是难以否定的，那就是MSN已经成为中国商务人士和知识阶层常用的即时通信软件。随着和中国客户的正面接触，微软也在不断完善MSN，并在2005年4月7日推出了MSN messenger 7.0正式版本。这样一来，MSN的矛头直接指向了马化腾的小企鹅。

和QQ相比，MSN messenger 7.0有很大的亮点，那就是微软之前一直反复强调的"凸显个性"和"展示自我"。对于那些经常乐于改变网名的用户来说，MSN messenger 7.0将用户的"显示名称"分成了两个部分，一个部分是"名称"，另一个部分是"个人消息"。所谓的"名称"显示的是用户的真实身份，而"个人消息"则是展示用户的灵感火花。

更让马化腾感到有些无奈的是，MSN messenger也推出了跟QQ空间类似的服务——MSN space。用户能够通过 MSN messenger 建立一个属于自己的网络共享空间，通过网络日志、照片、音乐等流行的方式来展示自我，能够为用户创造一种存在感和自豪感，让 MSN 为用户打造的这个世界充满了无尽的乐趣和享受。除了以上这些新功能之外，MSN 又将它的 hotmail 邮箱服务制作得更加稳定和流畅，高举着“跨平台即时通信，全天候在线联络”的旗帜，成了一款和 QQ 同质化色彩十分浓重的即时通信软件。

马化腾看清楚了局势，他逐渐意识到是自己的麻痹大意铸成了大错。虽然马化腾早就知道 MSN 存储在计算机里，但是当时他并不觉得 MSN 会对腾讯造成威胁。然而，当他与丁磊、陈天桥在即时通信市场上厮杀之时，落地中国的 MSN 逐渐从一粒种子，生根发芽并长成了参天大树。等马化腾醒悟之际，却发现自己已经站在了这棵“大树下”。

在微软还没有宣布 MSN 进入中国的时候，它首先想的是找合作伙伴。这和 eBay 在刚刚进入中国时的想法一样。不同的是，eBay 是通过注资易趣、最后全面收购易趣的方式正式进驻中国的。微软没有那么做，它只是单纯地找合作伙伴，共同将中国市场拿下。经过一番考察，微软最后选定了上海联合投资有限公司。具体的合作就是，微软与它共同成立一家合资公司，将 MSN 带进中国。

由此可见，MSN 这次进军中国，已经做好了方方面面的准备，甚至连自己的竞争对象也准确地锁定在了 QQ 身上。而且从另一个角度也能够发现，微软对 MSN messenger 的每一个细节改造，都是基于对 QQ 的长期关注而形成的，他们将在这条商务和娱乐相结合的道路上与 QQ 狭路相逢，揭开即时通信市场中的两强鏖战。

微软的“十字军东征”

2005年5月11日，微软互联网事业部正式对外宣布，他们已经跟上海联合投资有限公司一起成立了合资公司，将MSN推进到中国。

马化腾早就料想到了MSN会有大张旗鼓和腾讯争抢蛋糕的这一天，这不仅是之前微软时不时透露出来的各种意向，也是他观察和分析而得出来的结果。只不过当这个消息正式公布之后，还是让马化腾感到了些许压力。虽然QQ和MSN相比具有一定的本土化优势，但微软在互联网界有着说一不二的地位和实力，一旦他们认真和小企鹅较劲儿，谁胜谁败还真的不好说。现在，马化腾唯一能做的就是见招拆招了。

2005年6月2日，一个惊人的消息在网上爆出：上海文广新闻传媒集团东方宽频传播有限公司、赛迪网、猫扑网、淘宝网、北青集团北青网、Englishtown、联众世界、指云时代和上汽集团人来车网等九个MSN的合作伙伴，一起从幕后走向了台前。直到这一刻，人们才知道他们早已经成为微软进军中国的“左膀右臂”。

微软选择的这九个合作伙伴，几乎是当时中国互联网中最赚钱的网站，它们包含了最流行的业务和最强劲的发展态势。可见微软是带着横扫中国的气势而来的。

从MSN发布的新闻通稿可以看出，此次MSN的东进战略是在筹划着下一盘很大的棋。

来自MSN的挑战让马化腾忧心忡忡，不过他并没有乱了方寸，因为他在和MSN对抗的过程中，也从对方那里学习到了新的招数。在此之前，马化腾的用户策略是瞄准20岁以下的低年龄用户，现在MSN来了，他也必须从对方手中夺回那些高端的白领用户，这样才能壮大腾讯的用户群，从而和 MSN 展开寸土不让的阵地战。

在一次电视对话中，马化腾说了这样一段话："从通信市场来看，我们现在最大的竞争对手确实是 MSN，即时通信市场是目前我见过的互联网应用最激烈竞争的市场，大大小小算起来超过40家。这个行业市场技术门槛不是很高，但是易学难精。即时通信价值在于用户群，它的用户群越大，产业价值才越大。所以要有一定的先发优势。"

马化腾坦诚地表示，自己面对 MSN 的咄咄逼人感到了生存的压力。由此，一个问题摆在了马化腾的面前：在和 MSN 一决雌雄的时候，QQ 的核心竞争力到底体现在什么地方呢？

马化腾觉得，QQ 用户群定位更偏重中国本地的年轻用户群体，而这个群体具有结识陌生人的需求。相比之下，MSN 在这方面体现出的产品定位则有些不同：它是将 MSN 和 E-mail 相结合，而这种结合方式恰恰证明了 MSN 主要服务于熟人之间的交流，其联络性超过了社交性。换一个角度来看，QQ 是在"向上"渗透，而 MSN 是在"向下"发展。一个"向上"，一个"向下"，从表面上看好像互不相干，但认真分析一下就会发现，MSN 的"向下"和 QQ 的"向上"，恰恰是在同一条车道上的相向而行，双方不可避免地要进行激烈的碰撞，谁的实力更强，谁就有机会在这可怕的碰撞中存活下来。

面对 MSN 的鸣笛警示，小企鹅准备好了吗？

别拿 TM 不当炮弹

在 MSN 发起挑战之前，马化腾对 QQ 的衍生品也做了开发，设计出一个名叫 BQQ 的软件，也就是为企业用户提供的 QQ。

经过一段时间的摸索和实践，马化腾认为，IM 类软件的核心竞争力，体现在即时通信用户区和社区的经营上，并非是谁占有的用户多谁就是老大。随着市场份额的不断拓展，BQQ 完全可以从原有的用户群渗透到别的IM 软件的用户群体当中。所以从这个角度来看,MSN 的争抢并非都是坏事，只要腾讯经营有方，一样可以将原本属于 MSN 的用户转化成 QQ 的用户。

马化腾的这个结论，其实也来自当时对 QQ 用户群体的分析。在网络游戏流行之前，QQ 是很多用户上网的主要内容，也正是 QQ 大行其道才带动了中国网吧铺天盖地式的发展，而迅速发展的网吧其实也给 QQ 的竞争对手们不小的打击，因为不少人上网只认识 QQ，对其他的软件识别性不高，体验也不够好。然而从另一个方面来看，由于去网吧的大多数是一些年轻人而非商务人士，所以 QQ 无形中成了“草根 IM 软件”的代名词。甚至在一些大公司当中，QQ 的端口号被封锁住，不让员工使用。

就这样，QQ 似乎成了都市白领和学生之间的分水岭。正是由于这个原因，MSN 才有机会进入中国市场，它凭借着高雅商务的产品属性，打动了不少上班族的心。一旦被一部分商务人士选用，MSN 就会像病毒一样在商务人群中迅速传播开来。其资源特性决定了很多人必须使用这个工具，否则将会被所在的圈子抛弃。

不过，这两个圈子并非是矛盾对立的，而是在不断变化之中。学生成长为白领和商务人士之后，会在继续使用 QQ 的同时选择 MSN，从而让两个原本并不相干的群体发生了重叠和交叉。当然，使用 QQ 是一种习惯，而选择 MSN 是一种需要。不过即便如此，MSN 还是具备了 QQ 不具备的一些优势。

MSN 的应用界面非常简洁，而且没有任何广告的骚扰。仅凭着这两个特征，就足以让一些 QQ 用户转移阵地。在马化腾看来，MSN 所具备的优势，腾讯在短时间内无法获得，因为他不可能将广告全都去掉；而且由于 QQ 自身所带的娱乐性，窗口也很难像 MSN 那样简洁。也正是因为这些先天的因素，小企鹅面临着前所未有的危机。当然，更重要的是，MSN 有微软的强力支持，即便走错了一两步，也能够凭借自身实力扭转颓势。而没有任何后台的腾讯则不一样，一旦犯下致命错误，将会一败涂地。从这个角度来看，QQ 必须在保持本土化和年轻化的前提下，朝着高端用户群进军，否则将不进则退，彻底败给微软。

开辟一块新的战场，必须通过更多创新的功能去发展新的用户，这样才能充分赢得市场的主动权，这也是马化腾和其他关注 QQ 发展的人希望看到的。为此，马化腾踌躇满志地打响了一场精彩的反击战。

2004年，马化腾推出了一款名为 Tencent Messenger 的软件，简称为 TM。这个 TM 的定位和产品特色，完全是为了对抗 MSN 而生的。如果说 QQ 是针对个人用户的话，那么 TM 就是一款成熟的针对企业用户的即时通信软件。相比于 MSN，TM 在适应商务办公环境中的表现并不逊色，这也展现出马化腾对产品细化的新战略。

和 QQ 一样，TM 也是免费软件，用户可以通过 QQ 号码和手机号码进行申请，如果使用的是手机的话，那么在申请成功之后就自动绑定了手机，这样做的目的是增强用户“好友”身份的真实性。同时，TM 也没有 QQ 上的那些广告，界面也做到了简约大方。除此之外，TM 还增加了“智能秘书”“行业黄页”“名片”等商务功能。

2005年3月11日，腾讯对外宣布：收购 Foxmail，并将它的整个团队归入腾讯旗下，其中就包括 Foxmail 的创始人张小龙。张小龙1994年毕业于华中理工大学，硕士，长期从事软件开发和组织管理工作。张小龙加入了腾讯，立即成为马化腾身边强有力的干将，日后崛起的微信正是他的得意之作。

关于 Foxmail，网民几乎是无人不知无人不晓，因为在互联网上，它是唯一能够和微软的 Outlook 相抗衡的邮件处理软件。

至于为什么要收购 Foxmail，马化腾的解释是："我们看中的是 Foxmail 的技术和客户。"有业内人士认为，腾讯收购 Foxmail 可以跟微软当年收购 Hotmail 相提并论，都是增强自身业务能力的企业发展大事件。

现在，腾讯和微软之间的战斗越来越激烈了，双方不光拿出了看家本领，也在小心翼翼地提防对方"出大招"，所以都及时地将自身的弱点转化为优势，防止在对战中处于下风。很快，腾讯推出了 Tencent Messenger 2006新春版，支持其他 E-mail 账号的开通和登录。拿这个新版本和旧版本相比，大家会发现之前的版本只能通过 QQ 号码、手机号码和 QQ 邮箱进行开通和登录，这显然是腾讯 TM 在软件开放性上的重要进步。

也正是 Tencent Messenger 2006新春版的诞生，再次将腾讯和微软的近身肉搏战推向了新的高潮。可以说，腾讯 TM 的这种调整，意味着 TM 和 MSN 在高端商务领域中的争夺越来越激烈，马化腾显然也想通过这个开放性的改良，让原本青睐 MSN 的用户转移到 TM 的怀抱之中。

正是因为之前马化腾对商务领域的重视不够，才给了 MSN 趁势进入中国的机会，现在，他及时调整了产品定位和商业策略，希望能将丢掉的阵地重新抢回来。不过从另一个角度来看，这个战略新布局对马化腾来说也是利弊各半。有利的一面是，TM 用户群体得到了新的拓展；不利的一面是，QQ 注册相比过去减少了。从整体来看，马化腾的这一招还是利大于弊，因为他认清了一个事实：MSN 没有注册门槛的服务方式吸引了很多用户加入，而且不容易被陌生人骚扰的产品定位让商务人士很是喜欢。因此，腾讯如果再不采取实质性的动作的话，QQ 将会彻底沦为年轻人指间的玩物，而失去更高层次的用户。

2005年的下半年，腾讯和微软的 IM 之争变得更加激烈和复杂。这时候，腾讯成功在中国香港上市，在资金上有了底气。反观 MSN，虽然其门户网站在中国发展得不错，但是和本土的一些门户网站相比，MSN 的内容要贫乏不少，难以吸引更多用户。因此，不管是 IM 市场还是内容网站，腾讯的优势依然要超过微软。为此，马化腾说了一句话："目前，IM 的竞争已不仅是即时通信软件之间的竞争，更是综合实力的较量。"

不过，微软虽然在气势上不占优势，但是它毕竟还有一帮实力不俗的"小兄弟"，这也成了马化腾的一块心病。为了对付微软广泛结盟的策略，马化腾实施了新的阻击 MSN 的计划：一方面调整了腾讯门户网站的版面，另一方面从专业领域中寻找战略盟友。

很快，马化腾盯上了 IT 世界网，双方经过接触之后马上确定了合作关系。2005年8月18日，IT 世界网、腾讯网在北京组织举办了战略合作新闻发布会，宣布他们即将展开深度合作，内容有新闻、评测、导购和市场等，致力于打造一个中国网友高度参与的 IT 评测。

当然，腾讯和 IT 世界网的合作仅仅是对抗 MSN 的一个序曲，在马化腾的精心策划之后，腾讯还将在新的领域拉开新的战线，丝毫不给 MSN 继续发展的时间和机遇，要让它在立足未稳之际败在小企鹅的脚下。

“互联互通”，我没兴趣

腾讯和微软已经做好了各自的战略部署，下一步的工作就是如何将对方彻底击垮了。当然在发动大规模的“进攻”之前，双方都采取了一些试探性的手段。

首先发动试探性进攻的是微软。2005年10月12日，微软和雅虎同时宣布了一个具有里程碑意义的消息：让MSN Messenger和雅虎通的用户在2006年4月到6月进行互联互通。依据雅虎和微软达成的合作协议，MSN和雅虎通将在2006年第二季度在全球范围内实现互联互通，让双方合计约为2.75亿的用户实现全面的沟通。

这种具有市场震慑性质的合作，对马化腾的压力是不言而喻的。如果中国有几十家IM厂商实现了互联互通，那么站在圈外的腾讯将被看成是阻碍中国亿万网民实现互联互通梦想的唯一屏障，那时候马化腾的日子必定会很不好过。

然而，微软和雅虎的合作并没有就此结束。2006年7月13日，微软和雅虎再次发表声明：他们将利用几个月的时间完成全球多个市场即时通信工具之间的公测，而且这一次测试将拓展到视频、声音以及无线等多个领域，这也意味着雅虎和微软将共同打造超过3.5亿用户数量的全球最大的个人用户即时通信社区。

不过，微软和雅虎通的合作，并没有马上动摇腾讯在国内IM市场的主导地位，这是因为雅虎通在中国的市场占有率确实不高，所以尽管它和MSN合作了，双方的用户总量还是没有达到足以威胁小企鹅的数目。当然，这并不是说马化腾就可以高枕无忧了，如果微软和雅虎通将这块蛋糕做得更大一些的话，主打娱乐功能的QQ将很可能被主打商务的MSN超越。毕竟在商务用户这个群体中，IM 软件发挥作用的空间是很大的。

但是从另一个角度来看，马化腾拒绝加入互联互通这个体系也是事出有因，毕竟腾讯经过这几年的发展吸纳的用户资源是非常宝贵的，如果轻易地和其他 IM 厂商合作，就等于将自己辛辛苦苦积攒的企业口碑和别人共享了，这对于艰辛创业的腾讯人来说是难以接受的事实。而且，互联互通会扰乱马化腾推广 TM 的计划，也会让植根于 QQ 的网络游戏和网络拍卖等新业务遭受重创。为此，马化腾说："我们支持合理的互联互通，但让 QQ 无条件地开放，这就让所有的即时通信软件可以利用 QQ 的用户去盈利，没有这种道理。"

拒绝归拒绝，既然微软放出了大招，马化腾得接招才行。2005年10月27日，在腾讯成立七周年之际，马化腾一改平日的低调作风，在北京高调地发布了腾讯最新的产品——QQ 2005正式版。这是腾讯成立以来，第一次专门为 IM 软件组织举办的新品发布会。在发布会上，马化腾说了一句话："目前我国即时通信产业已经进入标准时代。"

一般来说，所谓的"标准"通常有两种含义，一个是来自权威机构或者权威人士的硬性规定，另一个就是约定俗成的规定。不过从马化腾的这句话来看，他所说的标准应当是第二种意思。弦外之音就很容易分辨了：马化腾希望让 QQ 成为中国 IM 软件市场的标准。

马化腾表示，国内的即时通信应用现在已经领先于全世界，所以它的下一个发展阶段也将进入由中国领导的即时通信全面社会化的阶段。为了加强说服力，马化腾还引用了一些专家的观点："多年来即时通信产业的发展一直缺乏行业的通用标准，在腾讯的推动下，我国的即时通信产业不久将进入自主定义产业标准和自主实现技术、产品创新的时代。"归根结底就是一句话：谁能掌控 IM 软件的标准，谁就赢得了这个市场的未来。

从有关标准定义的讨论可以看出，马化腾觉得微软和雅虎的互联互通就是对 IM 软件的一种试探，不过他可能觉得这毕竟是“试探”而不是“规定”，为此他说：“标准要靠产品说话，产品受到用户的认可并且能够引领整个产业的趋势，它客观上就已经成为标准。所以从这一点来看，腾讯要在所有竞争对手的前面首先修炼好内功，用我们的产品说话。”一个“标准要靠产品说话”，再次证明了马化腾决心游离在互联互通体系之外的决心。

挖得一手好墙脚

2005年12月31日，2005年的最后一天，马化腾忽然做了一个“小动作”，更换了腾讯网的标识，以绿、黄、红三色轨迹线环绕的小企鹅标识代替了之前的 QQ 企鹅形象。

新年换标识，其实表达了马化腾的一个心愿：他希望用户能够一改过去“腾讯网 =QQ”的观念，让大家将他的门户网站和即时通信软件分开来看。虽然在2005年，马化腾提出的“在线生活”并没有呈现出一条清晰的路线，但是腾讯杀进门户网站所付出的努力却是有目共睹的，这告诉大家，腾讯不仅仅是 IM 软件，而且像电子商务、电子邮件以及搜索引擎等业务已经全盘上线。

马化腾的构想是建造一个“大而全”的网络帝国，并将这个模式称为“在线生活”，让广大用户能够通过腾讯解决上网的全部需求，真正实现一种一站式的服务享受。为此，马化腾说：“门户与即时通信彼此依托，完全可以颠覆传统门户网站的传播方式。”这显然体现了马化腾一直在倡导的网上生活理念。

从目前互联网行业的发展来看，未来互联网会朝着两个方向发展：一个是超媒体类的能够整合各种服务的“大而全”；另一个就是专业性、针对性极强的“小而精”。马化腾经过分析比对之后，坚定地带着腾讯朝着第一个目标走去。

马化腾说：“让用户在任何时间、任何地点，在任何终端、任何接入方式，都能满足他们的需求，用户需要什么，腾讯就提供给他们什么，或者自己创新，或者迅速复制已有。”

在马化腾构建“大而全”网络世界的道路上，MSN 犹如突然竖起的一道墙壁，挡在了马化腾的面前，他无法绕过这堵墙，只能想尽一切办法将这堵墙拆掉，才能继续践行他的计划。

2005年12月22日，新浪科技发布了一条引爆眼球的新闻“腾讯挖 MSN 高级项目经理熊明华担任联席 CTO”。消息一出，立即引起了行业内人士的关注，不过有些人却认为这是腾讯的炒作，无须放在心上。无论是否为炒作，这条消息透露了一个至关重要的信息：马化腾坚定了和 MSN 对抗到底的信心。

熊明华在1996年加入微软，一度出任程序经理，参与过 windows 2000、windows ME、MSN 等很多项目的研发，而且他还有在 IBM 和 KT International 等大公司任职的经历。在美国工作期间，熊明华依然和中国的软件界保持密切的联系，经常会通过演讲和咨询活动向国内的同人传递世界最先进的软件管理思想。

就腾讯在国内的发展前景来看，熊明华选择牵手小企鹅也是一种明智之举。从另一个方面来看，腾讯在目前的发展过程中，技术研发团队越来越强大，所以需要对研发流程进行科学合理的管理，这也是马化腾不断吸收相关先进人才的根本原因。据说，微软的开发人员中项目经理就占了20%，可见项目经理的重要性。以熊明华项目经理的工作经验，相信定会帮助腾讯提升企业的流程管理水平。

MSN 拜拜

2014年8月28日，中国的 MSN 用户收到了一封来自微软 Skype 官方发来的电子邮件："中国区 Messenger 服务将于10月31日关闭。但不用担心，您的联系人不会丢失。系统内所有在线通信服务会整体迁入 Skype。"

寥寥几十个字，宣告了微软曾经寄予厚望的 MSN 正式退出中国市场。从2005年4月正式进入中国到2014年决定退出，在前后九年多的时间里，MSN 最终还是没有拼得过马化腾的 QQ。

当初 MSN 进入中国，很快就吸收了数亿的用户，成为和 QQ 并驾齐驱的即时通信软件。然而经过了互联网发展最为风云莫测的十年，微软却始终奉行着软件行业"大公司赢家通吃"的规则，没有从根本上对 MSN 进行合理的本土化和创新化，最终被中国互联网行业的"小公司单点突破"的规律彻底击败。

总结来看，三个原因注定了 MSN 的失败。

第一，MSN 缺乏对新兴用户群的关注。在微软看来，MSN 是一个边缘化的非主流产品，这让整个 MSN 的设计开发团队在微软内部很难获得最优质的资源，受重视程度也很小，因此白白浪费了互联网发展的"黄金十年"。由于 MSN 缺乏本土化的意识，导致其中文版只是一个英文母版的翻译版本，在软件的很多应用方面都不能适应中国网民的要求，很难满足其在线沟通和社交需求。特别是当 MSN 的最初使用人群逐渐变老之后，新兴的“80后”“85后”“90后”却没有关注 MSN，MSN 缺乏对这些新兴互联网人群的关注和推广，用户数长期处于“有减无增”的状态，最终的落败只是时间问题。

第二，MSN 在商业模式上的失策。MSN 在进入中国之后，一度尝试开频道、上标签投放广告的方式来构建盈利渠道，然而效果却差强人意，既没有满足广告商的需求，也没有满足用户的需求，最终闹了个“里外不是人”。相比之下，QQ 的等级制度、Q 币积分、QQ 空间等商业策略，非常能够迎合年轻用户群体的需求，因此用户群体一扩再扩。

第三，产品性能不强。MSN 虽然和 QQ 在大体功能上没有什么区别，但是它对社交网络和移动互联网等行业趋势，一直处于比较麻木的反馈状态，而且其单一的聊天功能也越来越让用户感到乏味，这样就造成了活跃用户越来越少，MSN 所能拉到的广告也一降再降，导致促进产品研发的资金长期缺乏，形成恶性循环，最终难以为继。而且当 IM 软件同行在推出离线文件、视频聊天的时候，它依然在原地踏步，一度无视互传文件和语音等功能。

更糟糕的是，在软件捆绑方面，MSN 比 QQ 有过之而无不及。从2006年以后，MSN 开始在安装程序中添加了微软的邮件、网盘、博客撰写等工具，打包形成了一个名叫“windows live”的软件包，让用户一不小心就安装了好几款自己原本不需要的软件，这让用户十分厌烦。加上经常掉线、安装失败等意外状况让 MSN 的产品形象一跌再跌。而2007年的蠕虫病毒“MSN 照片”事件，再度让其成为用户唾弃的对象。

MSN 的失败，给人们带来怎样的启示呢？

第一，创新才是生存的王道。在互联网产品更新加快的年代，一款软件只有不断创新才能迎合用户的需求，也只有注入了“短、频、快”的模仿思维，才能让产品具有强大的竞争力。相比之下，MSN 的替代品 Skype 能够长期在全球 IM 软件市场位居第一，成功之道就在于通过计算机向座机和手机拨打电话，又减少了捆绑软件、捆绑广告等令用户反感的行为。

第二，明确商业策略才是出路。对于 IM 软件来说，市场占有率是决定胜败的一个关键性因素，而采取何种商业模式是生存的基本命脉。MSN 在中国市场的占有率一直都无法超过 QQ，因为微软从来没有把一个免费的缺乏盈利模式的产品放在心上。

尽管 MSN 曾经将目标用户锁定在商务人群上，但是由于它没有真正认清互联网市场“不进则退”“不增则减”“只有第一没有第二”等丛林法则，在将近10年的时间里一点点被腾讯的 QQ 所蚕食。尤其是在进入移动互联网时代之后，IM 软件和无线客户端的集成趋势更是让 MSN 的生存空间越来越小。于是，一个曾经誓要将 QQ 打倒的竞争者就这样成了明日黄花。

第七章

圈地运动开始

不被看好，那是还没长好看

门户网站，历来是不少互联网创业者最为青睐的领域，很多人在互联网刚刚兴起的时代，就将“做门户”当成了最大的目标，因为门户包罗万象，对用户的吸引力很大。经过一段时间的跑马圈地，中国的门户网站逐渐由凌乱向统一发展，其中最为坚挺的就是新浪、搜狐和网易三大站。

这种三足鼎立的局面，大部分人是知难而退，不敢和巨头们一争高下。但是对于马化腾而言，门户网站他必须做，而且还要从三大门户中抢到属于自己的市场份额。

马化腾为什么会对做门户网站“执迷不悟”呢？这其中当然有他的道理，从某种意义上说，门户网站是当今互联网市场上唯一能够提供多样化盈利手段的平台，在这个平台上可以集成网络游戏、新闻定制和广告等很多内容，而这些内容都将为网站提供稳定且丰厚的利润来源。拥有数亿用户的马化腾自然不会放弃这样一个创收的途径，否则手中的庞大用户基础不是白白浪费了吗？于是，马化腾制订了一个以QQ为中心的十年计划，目标就是打造一个容纳门户、休闲友谊、大型网络、电子商务以及其他增值服务的内容丰富的大门户。

在马化腾的构想下，门户网站将让腾讯实现纵横交错的业务结构，而这个“纵”就是门户。门户网站将最大限度地聚合QQ的向心力，打造出一个更为庞大的资源整合平台，从而使QQ的延伸服务得到充分的释放。

2003年11月20日，马化腾正式向用户推出了“腾讯网”，它以一个娱乐型网站的姿态展示在社会大众面前，分为新闻、时尚、娱乐、游戏、体育、聊天等多个板块。11月21日，腾讯对外公布：腾讯网已经介入了纳斯达克上市公司占统治地位的持续增长的网络门户市场。

其实，马化腾进军的门户网站和那些传统的门户相比存在着些许差别，因为它的定位是娱乐，所以就免不了一些互动和交流，这和主流搜索门户的主动获取和被动接受明显不同。

在一个泛门户的时代，互联网存在着十分残酷的丛林法则：只有第一没有第二。在门户领域，不可能存在百花齐放的和谐景象，有人站稳了脚跟，就注定另外有人要怏怏离去。而在“能者通吃”和“马太效应”的影响之下，门户网站市场的竞争更是异常激烈。当时，有业内专家指出：腾讯的门户之路必将曲折而漫长。对此，专家给出的理由是：新浪、搜狐和网易常年位居前三，从它们的发展道路可以发现，先行优势和在位优势非常重要，先行者们可以在成功卡位之后阻挡后来者居上，而后来者又找不出更好的办法，所以难以从先行者手中抢到资源。

其实，这些专家们提出的看法，马化腾心知肚明，但他必须将这条路走到底，因为腾讯不能没有自己的门户网站，否则马化腾的开放性网络世界将成为一个笑话。为此，马化腾还表现出了很强的自信心，他说：“依托QQ 庞大用户群基础，腾讯有信心在三年内把 qq.com 做到前三名。”

虽然不少人对马化腾的这句话表示怀疑，但细细回顾中国互联网的发展历程不难发现，网络的更新换代不仅是由单纯的技术因素来决定的，其中还掺杂了其他客观条件的制约。所以，马化腾的这个心愿并非是纸上空谈，随着时间的推移，腾讯对三巨头的挑战也会越来越有威胁性。

桌面门户的精灵

腾讯网上线了，这个新生的门户网站究竟能走多远呢？马化腾将腾讯网定位成一个娱乐型的青年门户网站，旨在打造中国时尚娱乐的第一门户。

同时，马化腾还要追赶无线客户端的发展潮流，让腾讯网的产品功能延伸到无线服务领域，从而对网站上的网络电影进行推广，发挥其在新闻广播、音乐点播以及电子商务等方面的应用，最大限度地满足用户的现实需求。

腾讯网的优势在于，它拥有庞大的 QQ 用户群的支持，而且主要的用户构成是一些年轻人，所以马化腾才将腾讯网定位为年轻人的网站。

一直以来，马化腾的商业策略是“学习 + 差异化”，他的确是从不少同行或者前辈那里模仿了一些东西，但是每一次模仿之后，马化腾都能有所差异，这其中包括脱胎于 OICQ 的 QQ，包括后来的 QQ 影音、QQ 秀等。也正是这种差异化让马化腾虽然没有走到创新的前列，却始终站在成绩的顶端，这是让很多同行不得不钦佩的地方。

为了给网站增添人气，马化腾推出了一系列的活动进行造势，比如“牵手 QQ 演绎生活童话——2003　QQ 之星”全国征选活动。随后，马化腾又和摩托罗拉等合作方开展了一个名叫“梦幻明星直通车”的活动，让为数不少的 QQ 用户热情高涨起来。

随着推广活动如火如荼的开展，马化腾又推出了一个新产品——腾讯迷你首页。所谓的腾讯迷你首页，是一个将海量信息经过筛选和整理之后的“新闻荟萃”，用户可以通过一个小窗口来自由选择他们关注的热点新闻，点击之后将转到腾讯网上。当然，这个迷你首页是和 QQ 关联在一起的，每当用户登录 QQ 之后，迷你首页就会随之出现，让用户在第一时间看到。

除此之外，马化腾还设计出了新闻弹窗，及时播报那些刚刚发生的新闻趣事，让用户随时随地掌握最新资讯。与此同时，马化腾又在腾讯网上推出了“全球连线”服务，一旦有重大事件发生，一个很特别的 QQ 号码就会出现在腾讯网的专题上，用户可以通过 QQ 号跟这个号码进行连线，实时关注事件的最新进展情况。

这些创新策略让不少人对门户网站刮目相看，或者准确地说，马化腾为腾讯网找到了一片“蓝海市场”，既避免了和三大巨头的硬碰硬，也通过一系列的创意吸引了大批用户光顾，可谓一举两得。

面对腾讯网这个后起之秀，门户三巨头也做出了反应：它们纷纷推出了自己的客户端软件，打算和马化腾一争高下。然而这些策略对小企鹅来说，实在是构不成什么威胁，因为此时QQ的注册用户已近6个亿！

从2003年底上线，马化腾只用了短短三个月的时间，就让腾讯网位列中文门户排行十强。2006年3月，腾讯网的覆盖量仅次于新浪而位居门户第二，其访问量也是紧随新浪和搜狐之后位列第三。2006年4月，著名的Alexa排名给出了一个令人震惊的结果：腾讯网已经超越了以新浪和搜狐为代表的传统门户网站。2006年6月，腾讯网连续一个季度在流量方面稳居门户网站的三甲，而且连续5周超过门户老大新浪，成为仅次于百度的第二个中文网站。而且，当年腾讯网每天的访问量是4亿人次，成为门户网站中一颗闪耀的新星。

马化腾的“门户前三”一步步地由梦想变成了现实。

尽管在排名上占据了优势地位，但是对马化腾来说，想要从整体实力上压倒门户三巨头还需要时间，毕竟它们在中国大多数的网民心中已经具备了难以撼动的地位，很多人刚开始接触互联网的时候就是登录这些网站，这种“怀旧心理”和“先行效应”不是仅凭主观努力就能超越的。

在上海举办的“2005中国风尚大典”活动中，腾讯网代替了新浪和TOM成为大典唯一的合作伙伴。另外，从当年的Alexa报告中可以看出，腾讯网在世界上的排名是第八，这就意味着马化腾带领着他的门户网站进入了新的发展阶段：桌面门户阶段。所谓“桌面门户”，其实是腾讯网和门户三巨头最具差异性的地方：它能够通过 QQ 将新闻迷你首页弹到用户的计算机桌面上，这种快速的传播方式是其他门户网站不具备的特点。新浪和搜狐采用的是一种集权式的门户新闻传播模式，而腾讯和它们都不一样，是一种典型的 Web 2.0新闻传播模式。这种传播模式的特点是互动式、社区式、聚合式以及个性化媒体新闻传播，和网易比较相似。应该说，腾讯网显然引领了一场革命，这主要体现在以下几个方面。

首先，“社区用户和全面业务布局”的新形式。以腾讯新闻迷你首页为例，它是一种传播方式上的大胆突破和尝试，通过增强门户网站的流量和收益，形成了一种“门户 +IM+ 网络广告”的模式。随着腾讯迷你首页的爆红，很多互联网公司都将视线投放在这个领域，开始了寸土必争的抢夺大战，比如微软的 IE、MSN 和 IG 等。只是这些竞争者不具备强大的比拼优势，在和腾讯角逐的过程中败退而归。

其次，“草根”娱乐性。报业已经从过去的机关报纸、休闲报纸发展到了都市类报纸的阶段，也就是从精英文化走向了“草根”文化，这是一种时代的变迁沿革，也代表了社会的发展趋向。因此，腾讯网将新闻视角由俯视变成了平视，对一些社会大众关注的民生问题进行报道。从这个角度来看，腾讯网和新浪、搜狐走着不一样的路线，因为后二者明显是走的是精英路线，跟腾讯的门户“草根”化相比不具备优势。

再次，阅读需求的变化。在 Web 2.0时代，社区用户的需求已经跟着新媒体一起发展了，借用马化腾的话就是“腾讯网是典型的以社区聚集用户，以内容满足用户，反过来以用户成就社区”。其实，马化腾所说的就是一种在线生活的3C 模式：围绕着成形社区进行全面的业务布局，为社区用户提供一定的信息，从而起到沟通娱乐和商务的作用。

最后，发展的可塑性。在Web 2.0时代，媒体的互动性让广大用户充满了参与感，也使产品更具吸引力。腾讯网不仅仅只是新闻，而是进行了创新，相继推出了QQ订阅新闻、QQ新闻连线和新闻竞猜等内容，这些栏目帮助腾讯网在整合信息资源方面打造了一个有价值的平台，也让网民参与进来具备了可能性。

可以说，马化腾将腾讯网打造成了一个颠覆传统的新闻运作平台，集合了现代互联网文化中的许多时尚元素，促进了人们更广泛的交流和互动，将新闻报道推到一个新的高度，为他的“开放性网络”时代做好了完美的铺垫。

开辟第二战场

马化腾一方面和传统的门户网站进行对垒；另一方面他也在积极寻找着新的“蓝海市场”，减小腾讯在面对门户巨头时的压力。找来找去，马化腾将目光投向了区域门户。

2006年3月，腾讯与《重庆商报》一起在重庆创办了大渝网，截至2006年6月底，腾讯只用了三个月的时间就让大渝网达到了100多万的日访问量，单一IP访问量超过了25万，一跃成为重庆地方门户的头牌。

马化腾为什么将视线投放到区域门户这边呢？这是因为他看到了区域门户已经成为互联网发展的新方向。在中国广大网民不断增加的时代，网民们的各种网络需求也日益细化，所以每个地方都需要有区域性网络支撑。马化腾将大渝网当成了腾讯向门户网站进攻的第一个试验品。

一方面，马化腾可以通过地方性媒体获取更丰富的资源，因为区域门户一直被很多综合门户所忽视，是一块没有被真正开发的处女地，到处都充满了商机，而竞争程度也没有大门户那么激烈。马化腾通过跟地方合作，建立起二元互动门户和媒体结构，对门户三巨头的一元化战略形成了挑战，从而规避了同质化竞争带来的害处。而且这种“短、频、快”的方式能够将信息资源迅速地传播给广大用户，满足网民们的需求。

另一方面，区域门户也需要腾讯这样的互联网巨头来扶持，二者之间的合作可谓珠联璧合，能够以“双赢”的姿态在互联网的蓝海市场中发力。区域门户为腾讯提供最真实、最富有生活气息的信息资源，而腾讯可以为区域门户输送具有影响力的国内外大事记，特别是在区域门户的人气积累到一定程度之后，之前难以赚到的网络广告和无线增值等收益也会跳到碗里来。

如今，外来资本的不断注入，也给了区域门户快速成长的机会，综合门户也在逐渐探入这个蓝海市场中，加强对发展前景良好的区域门户的争夺和渗透。不过，马化腾已经先行一步开展了腾讯的“圈地运动”，在全国多个省份积极寻求合作网站。一旦马化腾在区域门户这个领域占据了绝对优势，那么对新浪、搜狐和网易这样的传统门户巨头来说，它们苦心占据的综合门户和地方网络媒体的资源将被马化腾一刀一刀地重新切割，甚至可能会引发行业的多米诺骨牌效应。

2014年，腾讯的区域网站已经运营了8年的时间。经过“八年抗战”的艰苦努力，马化腾已经将他的区域门户扩展到了国内12个主要经济省份，构成了腾讯“综合门户＋城市生活门户集群”的网媒矩阵。

目前，腾讯的区域门户在全国区域门户的广告市场份额中排名第一，这为马化腾提供了丰富的盈利来源，通过深度触达经济和文化需求比较强烈的重点区域，马化腾在这片新的蓝海市场中赢得了战略主动权。

现在，腾讯的区域门户网站主要包括大渝网、大申网、大浙网、大苏网、大成网、大秦网、大楚网等，腾讯长期为当地总计超过3.6亿互联网用户提供互联网资讯。此外，这些服务中也包含了腾讯的一些产品服务。

正是对区域门户和综合门户进行了相应的对比，马化腾才有的放矢地针对这些用户开展了适用性的策略，利用资源优势，如 PC 端的腾讯网首页以及 Tips 消息推送等，对用户进行合理的信息投放。这些资源所提供的信息，基本上覆盖了所有区域内用户的正常工作和生活，构成了一个“区域媒体互动、多平台整合传播”的新模式。

马化腾正是通过这种强大的媒体影响力和渗透力，使自己在区域门户网站这一片红海市场中笑到了最后。

第八章

逐鹿电子商务

C2C，我来了

2003年5月10日，阿里巴巴集团旗下的子公司——淘宝网诞生了。与B2B的经营模式不同，淘宝网是一个横跨B2C和C2C的电子商务平台。

如果说阿里巴巴是为全世界的商家特别是中小企业搭建了一个交易平台，那淘宝网就是为商家到个人、个人到个人搭建的一个平台。至此，一个“全民皆商”的时代到来了，这个市场也成了众多互联网公司虎视眈眈的一块肥肉。

2004年6月12日，一个对中国互联网来说非常重要的时刻来临了，那就是著名的“西湖网商大会”。1000多名中国网商云集杭州——由中国电子商务协会和阿里巴巴公司主办的中国首届网商大会在西子湖畔召开。

这一届的网商大会，沃尔玛、英格索兰、联想和三菱重工等国际大买家纷纷亮相，韩国的LG电子、三星，日本的伊藤忠商社、麦德龙、NEC，美国西尔斯百货、安捷伦科技、葛兰素史克等也都开始通过阿里巴巴进行其在中国的采购。

显然，电子商务已经成为当时互联网最火爆的业务之一，马云的阿里巴巴已经开始了“掘金之旅”，而以“大而全”为目标的马化腾，当然也不会放过这样一个千载难逢的机会，他要带着自己的小企鹅朝着这块新市场快速挺进。

马化腾通过研究发现，很多中国用户更习惯与商店和卖家进行面对面的沟通，所以在网络购物时，单纯靠简单的网页描述，很难将商品真正的特性展示出来，更难以让用户信任。于是马化腾决定从腾讯的强项入手——加强线上沟通！

马化腾说：“沟通是电子商务中很重要的一环，有沟通才有理解，有理解才能够相互信任。而对于 C2C 这样的服务型行业来说，良好的沟通就更加重要。我们的即时通信工具 QQ，恰到好处地弥补了 C2C 交易过程中沟通欠缺这一不足。”

就这样，马化腾将 QQ 和他的电子商务相结合，并为此申请了一项专利：买卖双方不仅能够依靠即时通信进行沟通，而且在对话框的右侧能够看到商品。

当然，马化腾所考虑的“加强沟通”，也并非是他的独创，很多电子商务网站都有自己的即时通信软件。只是和这些 IM 软件相比，QQ 的优势更加明显。

也正是马化腾对 C2C 的沟通问题的敏锐判断，让他坚定了向电子商务领域开进的决心。下一步他要考虑的就是怎样将买家聚集在一起。显然，这个问题很好解答：庞大的 QQ 注册用户群，就是一个最好的大市场。

尽管当时 QQ 的注册用户只有4亿多人，活跃用户仅有1.7亿多人。不过这并不妨碍 C2C 平台的上线，因为马化腾深知电子商务还处于起步阶段，人数少只是一个时间问题。不过也正是因为热度不够，进入这块战场胜算才更大一些。

2005年9月12日，马化腾隆重推出了他的 C2C 平台——拍拍网。与之一起上线的是财付通，它的功能和淘宝的支付宝比较类似，是保证交易安全的。

和马云相比，靠着即时通信软件起家的马化腾，进入 C2C 多少都带着一定的风险，毕竟这时候的淘宝已经做得比较成熟了，而且还有一个位居第二的易趣坐镇其中，因此拍拍网面临的压力也是相当大的。

这一次拍拍网是试运营，目的是想测试一下用户对这个新生的 C2C 网站的体验感，如果各项指标都让用户满意了，那么拍拍网就会马上转入到正式运营的状态。为了增强用户的好感度，马化腾还在拍拍网上给全体网友发了一封信，内容生动亲切，一下子拉近了拍拍网和广大网友的关系。

自从2002年发生了注册收费风波之后，马化腾在对待用户体验这个问题上变得非常谨慎，生怕再次惹怒用户。因此在对待拍拍网运营的态度上，马化腾可以说是谨小慎微，竭尽全力让广大网友满意。他要投入大把的精力和众多竞争对手在 C2C 战场上一见高下！

拍拍正式上线

2006年3月13日，拍拍网进入正式运营阶段。凭借着1.7亿活跃用户的支持，拍拍网在正式发布之后马上拥有了900万的注册用户。拍拍网一上线就取得如此业绩，让马化腾更有理由相信自己可以和马云一决高下，因为有关调查显示，有94% 的网民希望卖家能够和买家多聊一聊，而这个聊一聊恰恰就是腾讯的“传家宝”。为此，腾讯甚至给小企鹅量身打造了边聊边买的功能，拍拍网让广大用户眼前一亮。

相关数据显示，中国当时的 C2C 市场头牌网站已经占有了超过70% 的市场份额，似乎对后来者而言已经没有什么拓展的空间了。但是马化腾却不这样认为，他觉得这个行业还有很多没有被挖掘出来的用户价值。

拍拍网的构架是很先进的，在拍拍网2.0的概念中，QQ 客户端对拍拍网的整合程度几乎可以不受浏览器的束缚：把商品介绍整合到好友的头像信息中，如果买家感兴趣只要点击一下即可进入好友的网店，然后通过 QQ 与好友商议购买事宜。交易完成后，买家给卖家做出信用评定可以即时地反映到 QQ 的用户资料上；卖家还可以把买家列为 VIP 客户，在下次交易时为其提供打折优惠。

面对腾讯的咄咄逼人，马云也感到了几分压力，虽然C2C市场早就变得火热，却仍处于争夺地盘的阶段，没有谁能从这块业务领域中谋求到大笔的利润，反而是一再地烧钱。因此，拍拍网的介入会让众多电商的生存状况变得更加糟糕。

2006年5月10日，在跟易趣的对抗中占据优势的淘宝开始尝试向卖家收费，即推出了竞价排名服务——“招财进宝”。所谓的“招财进宝”，是指符合淘宝的商品发布规范，并参与“招财进宝”服务的“宝贝”，能够在淘宝的显眼位置展示，和普通的宝贝用一条横线分割开来。在淘宝网承诺三年免费之后，这个有偿的增值服务自然被看成了“变相收费”，也成了淘宝成立以来最大的一次改革。

这样的策略一出台，卖家们愤怒了。他们普遍认为，这种集成了百度竞价排名式的服务，会让那些普通卖家的商品被挤到几百个商品之后，导致成交率可能为零。

对于卖家这样的言论，时任淘宝总经理孙彤宇表示：淘宝所推出的“招财进宝”是一种全新的C2C模式，用户在适用一段时间后，一定会了解其中的好处。接着，他搬出了一大堆数据来证明“招财进宝”还是受人欢迎的。并说在“招财进宝”推出的20天里，已经有10万名卖家参与这个活动了。

这些冠冕堂皇的话对卖家来说毫无意义，那些没有参与竞价的卖家马上“爆料”：短短十几天，他们的生意一落千丈，不参与竞价，是很难做成生意的。一时间，众多卖家怨声载道，纷纷声讨淘宝的行为。

截至2006年5月30日晚9点，网络上抗议“招财进宝”服务的签名店主已经达到了39326名。他们表示如果淘宝不做出回应的话，他们将在6月1日集体罢市，并将店铺里的一切商品下架，同时提走支付宝中的所有资金。

马化腾看到，淘宝的“招财进宝”不仅伤害了卖家，而且买家也受到了不小的打击。马化腾决定乘此机会“横插一手”，将自己的拍拍网迅速“喂”大。

很快，拍拍网推出了一个名为“蚂蚁搬家”的活动，并打出了“大雨来袭，蚂蚁搬家”的广告词——淘宝当时的吉祥物就是蚂蚁（现在改成了“淘公仔”）。显然，腾讯是想以免费为诱饵，吸引淘宝的卖家加盟拍拍。最夸张的是，拍拍网竟然在其首页的显著位置设置了“淘宝店主搬家签到处”，打出“将免费进行到底”的旗号。为了扩大宣传，拍拍网的“蚂蚁搬家”行动几乎全部通过 QQ 平台进行推广，甚至承诺其他 C2C 平台搬迁过来的卖家直接将第三方平台的信用度导入拍拍网，并做出“搬家就送推荐位，开张就送大红包”的承诺。这明显是对淘宝的挑战。

为了吸纳更多的卖家投入拍拍网的怀抱，马化腾还推出了对参与用户进行特别奖励的政策：由第三方交易网站的信用度转移到拍拍的卖家，只要使用财付通完成第一笔交易就能得到3元的购物券。另外，买家也能得到5元购物券的优惠，而且购物排名靠前的买家还可以得到最高价值为600元的“购物狂奖励”。

5月29日凌晨，马云以“风清扬”为 ID，在淘宝论坛上发表了署名文章，对近期的罢市事件进行了解释和澄清，文章长达2000多字。文章表示：没有想到事情会闹得这么大，觉得自己在很多地方没有做好，向广大用户致以深深的歉意。

马云是个聪明人，他知道用户一旦大批量地从淘宝转移，也就意味着自己之前的苦心经营全部化成了泡影。很快，淘宝在5月31日宣布，将从6

月1日到6月10日进行投票表决，让网友决定是否继续“招财进宝”活动。

6月1日投票开始之后，不到半天的时间里就有9万人投标，其中选择“对招财进宝进行不断的完善，保留招财进宝”的人占38%，选择“目前不完全适合淘宝，取消招财进宝”的人占62%。最后在公证处的统一监督下，投票结果为127872票赞成取消，占到了总投票数的61%。

6月10日下午，淘宝宣布将在2006年6月12日12点停止“招财进宝”服务，在此之前卖家花费的服务费也将全部退款。

这场“变相收费”的轩然大波，在淘宝让步的情况下结束了。

相比淘宝而言，拍拍网的策略可谓环环相扣，马化腾在其中表现出的谋略也是高人一等的。

所谓“乱世出英雄”，在混杂而无定数的互联网江湖上，就算不能成为盟主，至少成宗立派是十分必要的，马化腾就是要在这个时候树立起自己的风格。

二马相争，都有小伤

2006年6月6日，拍拍网正式对外宣布，让用户免费使用三年。从这个商业策略来看，马化腾并不想超过马云的免费三年，因为他知道这三年对腾讯来说也是一笔不小的资金投入。由于免费对很多用户来说算不上新鲜的招数了，所以拍拍网又同步推出了其他优惠政策：在6月6日到7月6日，只要铺货达到50款以上的用户将得到拍拍网颁发的限量免费金牌标志，能够享受到更多的优惠服务，还可以得到免费的黄金推荐位。推荐位对卖家来说至关重要，因为随着 C2C 的发展，越来越多的人在网上开店，想要让自己的产品聚敛人气、快速成交，占据一个好的橱窗位置至关重要。马化腾打出“免费”牌之后的“推荐位”牌，无疑让拍拍网吸引了更多的用户关注，聚集了更高的人气。

根据易观国际在2006年发布的有关中国 C2C 市场的监测报告，2006年第二季度中国 C2C 市场规模达到了57.1亿元，而且呈现出势头强劲的发展趋向。当时，排在前列的是淘宝、eBay 和拍拍，不过从市场占有率来看，淘宝更胜一筹。

2005年9月12日到2006年8月，是拍拍迅速发展的一年，注册用户在一年的时间里就突破了200万人，在线商品突破了450万大关。拍拍凭借着强大的后台迅速挤进了电子商务这块战场中，成为 C2C 市场中不容小觑的角色。

面对拍拍的步步紧逼和其在招财进宝事件中的“落井下石”，马云自然是心中不快。偏偏这时，网上又开始传播一条“小道消息”：此前淘宝用户的抗议是由拍拍网一手策划的。

2006年5月30日，北京千橡互联科技发展有限公司的网站上，突然冒出了一篇名为《原来骂淘宝的声音是腾讯这样策划出来的》的文章，没有署名也查不到作者。文章中，笔者声称腾讯和一个名叫德盛嘉的公共关系公司签订了一个名为“腾讯网络论坛公关代理协议”的东西，委托这个公司对淘宝口诛笔伐。随后，在这个网站上又冒出一篇名为《调查：你相信马化腾雇用“网络打手”攻击淘宝吗》的文章。

自然，这种爆料式的新闻肯定引起了腾讯的不满，马化腾向千橡公司发出了律师函，要求对方立即删掉这两篇匿名文章。谁知对方在接到律师函之后，仅仅是取消了这两篇文章的置顶，并没有将其彻底删除。6月6日，该网站又冒出一篇名为《历数腾讯十宗罪，五马分尸马化腾》的文章。在这篇文章中，到处充斥着人身攻击和谩骂，已经不是简单的新闻爆料了。马化腾看到以后火冒三丈，以“侵犯名誉权”为由将北京千橡公司告上了法庭，要求对方道歉并赔偿500万元。

6月21日，“二马”之争进入高潮阶段，马云发表了对腾讯的谴责：“我自己认为挖人很累，互联网同行竞争应该遵守一定的游戏规则，光靠挖人很难做到创新。而现在腾讯拍拍网最大的问题就是没有创新，所有的东西都是抄来的。”很快，马化腾也做出了回应：“一来这种人才流动很正常；二来从淘宝网过来的人一共也才两三个，谈不上挖墙脚。”另外，马化腾对马云指出的“抄袭”也予以否定：“所有的电子商务都是这样做的，大家的模式都一样，谈不上谁抄袭谁。”

抛开两家企业的内部矛盾，从大方向上来看，淘宝属于“一般规则的缔造者”，而拍拍网属于“一般规则的遵循者”。如果淘宝将自己的“模式”申请专利的话，那么马化腾的行为是不可辩驳的“侵权”行为。然而在互联网飞速发展之下，模式必定是不受任何人、任何企业限制和束缚的，在这种特定的情况下，只能用实力来说话。

“二马”之争还在继续。

2006年12月，腾讯一纸诉状将淘宝告上了法庭。腾讯状告淘宝是因为腾讯发现淘宝网上有大量QQ号和Q币，且售价十分便宜。腾讯觉得，淘宝在不与自己合作或者商量的情况下在C2C平台上交易QQ号码和Q币，是对腾讯的极大不尊重。

腾讯在状告淘宝之前，已经多次提醒淘宝不能这么做了，可是淘宝依然故我，腾讯在忍无可忍之下才决定拿起法律的武器捍卫自己的权益。

实际上，腾讯状告淘宝的导火线是一个在淘宝上开店的商家。这个商家在淘宝上开店后，就弄了一些 Q 币和 QQ 号在自己的小店中兜售。腾讯发现后，与淘宝网方面交涉，希望淘宝网能够让那个商家停止这种做法，或者干脆把店关了。但是淘宝并没有理会腾讯的“告诫”。腾讯见淘宝不听劝诫，索性将淘宝告上了法院，称淘宝侵犯了其财产权和著作权，希望淘宝能够将出售腾讯产品的页面永久删除。

淘宝方面很聪明，出手也很快，它在腾讯状告它之前，就已经把腾讯先告了，希望法院确认淘宝的做法是合法的。淘宝方面觉得，Q 币和 QQ 号的买卖出现在淘宝网上，这是商家自发形成的市场，价格都是他们自己定的，因此并不代表淘宝用了不正当的竞争手段来同腾讯抢生意。换句话说，淘宝只是给商家提供交易平台的，商家在上面卖什么东西和淘宝关系不大。

见淘宝方面根本不想和和气气地把事情解决，而且表现出了“无所谓式”的不负责任，腾讯表示：如果按照淘宝那样做，交易平台上将会呈现各种无序的情况。

在腾讯与淘宝官司纠葛之时，深圳市警方成功打掉了一个盗取 QQ 号、Q 币和游戏账号的犯罪团伙，而犯罪分子称他们正是通过淘宝网“销赃”，且获利70多万元人民币。腾讯得知此消息不由得“暗笑”，因为事实胜于雄辩，这样的例子是对淘宝最好的“打击”。

最后，这场官司颇有些“不了了之”的味道。从某种意义上讲，淘宝算是将一所“房子”租出去了，难道因为这家住户房间收拾得不干净就将其驱逐出去吗？完全不可能。

再者，淘宝也不可能做到“过滤”。如果按照腾讯的说法，淘宝就应该设立一个“过滤机关”，对打算在淘宝上做生意的商家进行检查，看看他们的产品是不是能够达到要求。如果这么做，一是淘宝所要付出的精力和相关费用太大；二是，这也不符合互联网方便、快速、多样等特点，淘宝是坚决不会这样做的。

在腾讯方面看来，个人交易平台越大，就越容易陷入一种“被动”。不可能所有人都会“遵纪守法”，遵循一定的游戏规则。这样一来，交易平台上就会充斥“各色人群”，他们会根据自己的私利有选择性地做生意，即什么赚钱就做什么，完全不顾及“主办方”的感受。换句话说，腾讯对此的看法多是从和自己一样的公司角度出发的，维护的是“大利益”。

斗法 SNS

当2006年“Web 2.0时代”的概念深入人心之后，更多互联网企业越发看重SNS了，它与网民间的互动性给世界带来了惊喜。美国知名的SNS社交网站Facebook的问世，让中国互联网企业看到了希望和方向。马云率领的淘宝早已看到了这块市场的潜力，并已在暗处积极开展各个方面的具体事宜了。

加入这一领域，受益的不仅仅是淘宝，阿里巴巴也会在“互动中”嗅出市场信息，从而朝着更高的层级迈进。因此，淘宝积极吸纳各路SNS方面的人才，以备不时之需。

如果马云能在电子商务和SNS社区之间搭建桥梁，那么阿里巴巴将一呼百应。这就是马云想要达到的效果，也是阿里巴巴奋斗的方向。

在权威的业内人士看来，当时有能力在中国创造“类Facebook”的公司只有两家：一个是阿里巴巴；一个是腾讯。

马云能看中SNS，马化腾自然也把眼光放在了这上面。马云在互动社区产品上全力以赴的同时，马化腾也在其微博上表示，腾讯要开放平台。

马化腾此举便“无意中”又把苗头指向了马云。马云对此做何感想呢？淘宝直通车对 QQ 号码推广的“封杀”，似乎是马云凡事落到实处的最佳体现。

淘宝直通车是阿里巴巴集团旗下雅虎中国与淘宝进行资源整合后推出的一种全新的搜索竞价模式，它不同于早期的招财进宝。淘宝直通车产生的竞价结果在雅虎搜索引擎上显示的同时，淘宝上也会以全新的图片和文字形式展示出来。此外，每件商品可以设置200个关键字，卖家可以针对每个竞价词自由定价，并能同步看到商品在雅虎和淘宝上的排名位置。至于付费，淘宝直通车较之招财进宝更加公平，卖家根据商品实际被点击的次数付费，每个关键词最低价为0.05元人民币，最高价为100元人民币，每次加价最低为0.01元人民币。

2010年9月1日，腾讯与淘宝之间的战火再度点燃。腾讯于2010年8月31日开始全面禁止使用淘宝直通车。针对腾讯的这一举措，淘宝方面马上做出对抗策略，宣布禁止使用腾讯 QQ 号码进行推广。淘宝此举，旨在推广自己的即时通信软件淘宝旺旺，同时打压竞争对手。

在此之前，淘宝方面便发出公告，希望淘宝直通车用户审查其参加淘宝直通车的“宝贝”和推广信息，如果其“宝贝”含有推广腾讯 QQ 号码信息的，要及时做出下架处理。另外，淘宝方面规定，存在于淘宝上的“推广宝贝”，不得以任何形式推广腾讯 QQ 号码，也不能赠送腾讯 QQ 号码，更不能在描述中含有腾讯 QQ 号码的相关文字、图片和链接。

马云和马化腾所走的道路截然不同，却都缔造了辉煌，且那种辉煌都是令人仰慕的。

马化腾“拍”淘宝，不能说成功，也不能说失败，从他的角度看，腾讯的确占有了一定的优势，起码的一点是，易趣不再能与淘宝分庭抗礼了，当当宝也早已杳无音信，唯有拍拍网能够存活了下来，这已然是一种胜利。从马云的角度看，淘宝不称王便是失败，这是他早期“忽视”拍拍网后得到的一句“至理名言”。

仅占中国 C2C 市场不足20% 份额的拍拍网，在马化腾的运作下，保持着螺旋上升的增长之势，这是否意味着马云的淘宝要以用户数下降的方式填补拍拍网的日进斗金呢？显然不是，双方都在以日新月异的方式来吸引原本不是其用户的网民加入它们的行列，进而刷新一个个增长曲线的纪录。纵观两者的发展，更加通晓国情的马云自然谨守住了“本土化”，这是他击败 eBay 的关键，也是抵挡住拍拍网攻势的秘诀。

和阿里巴巴相比，腾讯的产品线实在太长，这让马化腾难以将主要精力用在电子商务这个领域中。或许正因为难以做到专注，才给拍拍网日后的命运埋下了伏笔。

无可奈何花落去

随着时间的推移，拍拍网和淘宝网的激烈竞争最终出现了“一边倒”的形势：淘宝逐渐占据上风，而拍拍开始走向颓势。或许因为腾讯的业务战线太长，或许是马云在电子商务领域的卓越才能，拍拍网在之后的竞争中，始终没有找到机会盖过淘宝的势头。到了2007年，淘宝网已经发展到了不再是一家简单的拍卖网站，而是全亚洲最大的网络零售商圈。

和马云在电商领域的成功相比，马化腾未能在这个领域创造奇迹，拍拍网在人气上始终无法和淘宝相提并论。最终，马化腾将拍拍网推给了 B2C 领域做得相当出色的京东集团。

京东和腾讯签署了战略合作协议，腾讯将向京东提供微信和手机 QQ

客户端的一级入置及其他主要平台的支持，帮助京东在实物电商领域开拓新的市场；另外，双方还在在线支付领域展开进一步的合作，从而提升用户的网购体验。

从这一天开始，拍拍网就由腾讯旗下转到了京东旗下，“二马”在电商领域的角逐就此结束。虽然从表面上看，马化腾是败给了马云，不过由于腾讯还占有京东15%的股份，也就意味着两家展开了深度的合作，而这种强强联手带来的优势，无疑是十分强大的。

当然，京东选择和腾讯合作，也是找到了极其优质的资源，那就是腾讯的巨额流量和移动互联。最近几年，移动端推出的活动接踵而至，极大地冲击了 PC 端的电商营销，在腾讯跟京东实现强强联手之后，双方将会构建一个“京东物流 + 腾讯移动互联”的超级组合。在收购拍拍之后，京东也将充分利用腾讯的微信客户端用户，深入到 C2C 领域开疆扩土，和淘宝继续展开鏖战。

一度曾经给淘宝造成竞争压力的拍拍，一度被很多人看好的拍拍，最终在腾讯时代结束了它曾经怀揣的梦想。那么，拍拍为什么不能像腾讯旗下的门户网站那样给同行以重大的杀伤呢？原因必定不止一条，不过最明显也最容易让人们理解的有三条。

第一，庞大的用户数和 C2C 火爆没有必然联系。尽管马化腾十分看好小企鹅数亿的用户量，也将其当成是发展电子商务的核动力，然而仔细分析一下，这种优势其实很难作用在电商领域。因为在 QQ 上用户展示自己的形象给好友看，这是一种满足虚荣心和存在感的基本心理需要，这种熟悉的人际关系和利益无关，更不需要受到利益的维持，它是一种强关系。将这种关系移植到商业领域中，立即会变成一种弱关系。

第二，QQ 的社区优势难以转化成商圈优势。作为一个 IM 软件，QQ 无疑是成功的，它建立了一个庞大的社区系统，吸纳了几乎全中国的网民加入。不过，社区终归是社区，它满足的主要是人际交往的需求，没有人会在这样的一个地方产生购物的欲望。腾讯曾经一度推出一个战略计划叫作“大品牌，大回响”，目的是通过加强社区建设来提升企业的影响力。虽然马化腾做到这一点并不困难，然而由于拍拍和淘宝在商业模式上没什么区别，所以这种同质化竞争让腾讯的社区难以形成吸引力，最终的结果就是，卖的人越来越少，买的人也不再增多。相比之下，淘宝的优势就很大了，由于马云的成功运营，淘宝聚集了越来越多的商家，也就吸引了越来越多的买家。

第三，对用户的需求关注不够。QQ 满足了人们和熟人以及陌生人的在线沟通需求，那么拍拍满足了用户的什么需求呢？当一个人已经拥有了阿里旺旺的账号，当一个人已经收藏了淘宝的 N 个店铺之后，忽然冒出一个拍拍做着类似的事情，并没有什么特别之处，用户对待它的态度只能是漠视。

虽然腾讯时代的拍拍没有取得预期的效果，不过在京东和腾讯联手之后，拍拍能否改写历史也未尝可知。毕竟互联网市场瞬息万变，“三十年河东，三十年河西”的案例也不是没有，只是对马化腾来说，他没有亲手将拍拍打造成一个能够和淘宝匹敌的 C2C 平台，会略有几分遗憾吧！

当“快的”遇上“滴滴”

2014年，一场关于出租车的战争如火如荼地展开了，两款分别名叫“快的打车”和“滴滴打车”的软件一举成为本年度的热点词汇，而在背后推动着这两个软件互相对抗的却是来自线上的两个互联网企业："快的"背后是阿里巴巴，"滴滴"背后则站着腾讯。

业内普遍认为，这场打车软件之战是"世界互联网大战的第一场战役"，参战的双方都是实力雄厚的互联网企业。腾讯参战的理由很明确，为了在即将到来的移动互联网时代抢夺有利位置，所以加强了从 IM 软件向餐厅点评网站等领域的过渡，交通服务也在这一条产品线上，自然不能放过。

这场大战的第一枪，在2014年1月10日正式打响。就在当天，滴滴打车率先推出了乘车费用立减活动，隆重开启了"补贴政策模式"。消息传出之后，无数的出租车司机下载了这个 APP，无数的用户也在手机里安装了这款软件，以备不时之需。

截至2014年6月30日，滴滴打车占据了45.6%的市场份额，覆盖全国178个城市；而快的打车占据53.6%的份额，覆盖全国306个城市。到了8月初，两个应用软件依然向出租车司机支付象征性的奖励，但是和上半年相比要少得多了。最后，滴滴和快的都停止了司机端的2元现金补贴，一场烧钱大战暂时告一段落。

快的、滴滴都通过这场战役来构建和完善了自身的生态系统。由于快的、滴滴分别属于阿里、腾讯两个阵营，必然要受到两大互联网巨头的影响。以阿里为背景的快的，在电商领域能够最快地找到默契的合作伙伴，很容易培植出用户对其品牌的忠诚度。而以腾讯为后台的滴滴，能够凭借强大的移动社交平台优势，形成病毒式的推广。

在打车软件推出之后，"专车服务"成为阿里和腾讯下一个角逐目标。2014年7月，快的打车推出"一号专车"；一个月后，滴滴打车推出"滴滴专车"。这种"专车"服务从北京快速扩展到全国的很多城市，但在一些城市却遭到了地方政府交通部门的“叫停”，并将其称之为“黑车”。

目前，国内的出租车管理政策远远落后于整个互联网时代的技术环境，带有浓厚的计划经济色彩，所以才会出现“二马”角逐打车软件的烧钱大战，因为大家都想在市场经济的环境下引领一种新潮流，甚至是对整个出租车行业进行改革。

打车软件之战，不仅是一场席卷线上和线下的互联网风暴，也是一场由巨头引发的尝试构建“汽车互联网”的初次试水。如今互联网让汽车变得越来越智能化，所以汽车成了一个智能终端市场的入口，互联网巨头迫切想要占据这片市场的心理也就可想而知了。

第九章

搜索引擎火烧遍野

竞价排名油水多

搜索引擎是除了门户网站之外的，被不少互联网巨头盯住的另一块肥肉。人们对搜索引擎充满了“遐想”，认为这是一个能够掘金的最佳阵地。

每一个领域的业务都有其固定的盈利点，对于搜索引擎来说，竞价排名是其主要的收入来源，也是引擎关键词广告的主要形式之一。一般来说，企业会根据付费的多少来决定其排名的先后，这是对购买了同一关键词的网站采取排名的一种策略。

在国内，最早推出竞价排名的就是百度。应该说，这种按照推广效果来付费的网络推广方式，能够让企业以较小的投入获得大量的潜在用户，从而有效增加企业的销售额，同时也给搜索公司带来了巨大的利润收益。

2008年11月，中央电视台《新闻30分》报道了这样一则新闻：“百度推出竞价排名，但因为审查不严，让一些骗子企业也上百度的广告，广大人民群众因此而上当受骗。”接着，其他一些媒体也相继发表了相关报道，称百度的竞价排名导致了“恶性竞争”。

百度竞价排名的事情一曝光，大约10亿人同时得知了这个消息。随后百度的股票一路狂跌，仅仅3个交易日就跌去约38%，每股股票缩水67美元，百度的市值因此下降了1/3。不单单是损失钱的问题，最关键的是无形价值——百度的品牌形象的流失。

百度的竞价排名被“曝了光”，引发了人们对其商业道德的一连串讨论，同时也从侧面透露出搜索引擎领域所隐藏的巨大价值，于是一些互联网巨头开始朝着这块阵地徐徐前进。

不搅局对不起这排名

2005年，随着中国互联网市场中搜索业务的兴起，马化腾也不由得关注起这个市场。他敏锐地意识到，假设一个门户网站只能够提供信息，将用户当成单纯的被动接受者，而不能利用搜索来实现主动收集和被动接受之间的互动的话，这个门户网站很难继续生存下去，因此也是一个残缺不全的门户。

2005年2月4日，马化腾和美国的谷歌达成了战略合作计划。之所以建立这次合作，是为了帮助腾讯在搜索领域积累经验，毕竟腾讯在即时通信领域的长处还难以在搜索领域发挥作用。在和谷歌达成合作的同一天，腾讯开始为它的新战略伙伴提供谷歌的网页搜索服务，此外，腾讯还帮助谷歌实现互联网广告和搜索引擎技术的结合。

在跟谷歌合作之后，马化腾开始着手下一步计划，那就是帮助用户定制能够满足其需求的在线生活模式。而对于搜索，马化腾的定位是“信息传递与知识获取”，用来满足用户最基本的需求，这个需求的链条上，“搜索”就是最重要的一环，起到了链接的关键作用。

一切准备就绪之后，马化腾开始向搜索领域全速挺进。2006年3月2日，腾讯正式推出了搜索网站搜搜网，开始独立承揽搜索业务，专注为用户提供更加便捷和丰富的互联网应用服务。腾讯对搜搜的介绍是：与时下几个知名搜索引擎相比，搜搜网更加专注于满足用户，尤其是年轻网民的实际需求。

搜搜网是一个包罗万象的搜索网站，它不仅具有网页、图片、新闻、论坛、音乐等功能，还将自家的QQ群组和QQ空间也一并融入进去，让用户在使用的时候可以一次性搜出。另外，搜搜还有一个很独特的功能，那就是能够进行“综合搜索”：凭借搜搜网的信息整合能力，一次性地搜出与用户键入的关键词相关的所有网页、图片和音乐等信息，让用户在最短的时间内找到想要的内容。从这个角度来看，搜搜的上线带给搜索市场一种全新的改变，并带动起一种充满娱乐味道和生活气息的现代 IT 精神。

在马化腾看来，百度的发展方向应该会和谷歌类似，也一定会推出自己的即时通信。因为马化腾能够清晰地感觉到，百度已经朝着 IM 软件领域整装待发了。

起初百度和腾讯是没有争端的。可随着互联网的高速发展，竞争也被提上了日程。就算百度不进入即时通信领域，腾讯也会为了整合社区资源而进入搜索。马化腾曾表示，QQ 使得更多的人联系在了一起，而且随着 QQ 增值服务的增多，需要一种有效的手段将其整合，这一手段就是搜索。

百度靠着搜索将自己的势力圈逐一扩大，已经渐渐渗透到各个领域；而腾讯在 QQ 的支持下，也可以从一个社区跳到另一个社区，达到了“无孔不入”的境界。这样一来，百度和腾讯之间的碰撞也就在所难免了。不过，在搜索引擎这块市场上，还有另外一群虎视眈眈者正悄然逼近。

一场混战即将拉开序幕。

在混战中突围

2005年6月，新浪瞄准了中国搜索引擎市场，推出了自己的开山之作——爱问，并召开了以“问尽天下事，搜索新坐标”为主题的新闻发布会，声势十分浩大。

新浪与中国大百科全书、四通控股有限公司、图盟科技有限公司和北京中搜在线有限公司等强强联手，在内容和资源上都做到了“包罗万象”。

另外，爱问中汇集了众多网友的智慧，里面有很多经验都来自网友。新浪这样做的目的，是让网友与网友互相交流心得体会。

但是在爱问推出的两年间，并没有在搜索引擎的市场上掀起多大的风浪，也没有创出多少佳绩，搜索引擎的市场还是被百度和谷歌霸占着。

2007年，谷歌中国的“本土化”策略实施得并不成功，因此在与百度PK的时候吃了不少亏。而新浪的爱问搜索引擎也没有取得多大的成就，被百度杀得人仰马翻。在这种情况下，谷歌与新浪的合作就变得“水到渠成”了。

在这一年，新浪宣布正式与谷歌合作，共同打造互联网搜索的新纪元。

谷歌与百度竞争失利的一个原因是百度持有“新闻牌照”，但是谷歌却没有，而谷歌与新浪的合作正好弥补了这方面的缺陷。

谷歌与新浪大张旗鼓地合作之后，新浪的爱问被冷落了，新浪使用了谷歌的搜索引擎。此时，出现了一个人——搜狐的当家人张朝阳。搜狐原本不叫搜狐，它的前身是爱特信公司。1998年，爱特信推出了“搜狐”产品，随后将公司改名为搜狐。张朝阳曾经带着搜狐四次融资。2000年，搜狐终于在美国纳斯达克上市了。

在张朝阳的眼里，技术是很重要的，他把技术看作是互联网公司生存的基础，没有技术作为依托的互联网公司离倒闭就不远了。于是在2004年8月，张朝阳带领搜狐研发出了一个新的搜索网站——搜狗网。据说，“搜狗”这个词来自于电影《大腕》里面的台词：“他们搜狐，我们搜狗，各搜各的。”张朝阳声称，搜狗网是全球第一个第三代中文互动式的搜索引擎。张朝阳推出搜狗网，明显是向百度开火。

两年后，百度还是百度，搜狗还是搜狗，百度既没有被搜狗掠夺去大量的市场份额，也没有失去中文搜索市场上“巨擘”的头衔。

同样，对于带着搜搜进入这块战场的马化腾来说，他也没有找出更有效的办法和百度一争高下。但马化腾依然以庞大的用户数量为主要的信心来源，加上时而迸发出的“灵光”，小心谨慎地寻找着一切机会向搜索引擎的腹地进发。

键入、回车、三国杀！

随着腾讯在搜索引擎领域和百度的争锋，百度的优势渐渐显露，百度贴吧成了决定胜负的关键因素之一。

截至2014年，百度贴吧已经有了突破10亿注册用户，有820万个兴趣贴吧，日均话题总量过亿，日均浏览量超过27亿次。可以说，正是这批年轻用户群体的忠诚守护，帮助百度建立了一个有利的互联网生态环境。

贴吧的本质，其实是一种基于共同话题聚合的社群，它充分地满足了人们自古存在的矛盾个性：既想要追求个性却又想寻到知音。

可以说，中国互联网的“粉丝文化”就发端于百度贴吧，贴吧以“社会性”和“话题性”等特征，让来自天南海北的网友找到共同的切入点。在此基础之上，百度又通过增强搜索热点和话题反作用于贴吧，从而进一步提升社会影响力。

由此，百度贴吧通过推动百度产品的普及，进一步强化了账号体系，成功地实现了搜索引擎的“去工具化”，极大地帮助百度构建了庞大的互联网生态体系，也正是这样的原因奠定了百度搜索的地位。

百度贴吧的优势超过了QQ群，因为它所创造出的社区感和归属感更加强烈。很多时候QQ群只是作为一个辅助性的IM工具，需要配合百度贴吧的存在，因为每一个社群的人都是以贴吧为中心的。

当搜搜正式推出之后，马化腾在用户搜索和腾讯现有的产品之间实现了有机的整合，为的是要做出一个个性化、社区化、智能化、移动化的东西。

后来，谷歌从中国内地退出，搜搜又得到了一个绝好的发展机会：一来是少了一个竞争对手；二来有不少原谷歌的工作人员被腾讯纳入旗下，从而进一步提高了搜搜的技术能力。

尽管如此，搜搜的发展道路并不顺利，虽然它吸收了一些谷歌的先进技术和有经验的员工，然而要想将他们重新融入搜搜这个新的搜索引擎中，需要时间上的磨合。毕竟，搜索引擎在腾讯的战略部署中只是一个部门、一个计划，而对曾经不可一世的谷歌来说，则是他们的全部核心，这种重心上的差别是很难通过其他方式来替代和弥补的。

所以，从搜搜和百度的实力对比来看，马化腾对搜索引擎领域的挺进只能说是一次还在探索之中的旅行。要想真的超越百度，还有很长的路要走。

第十章

企鹅也要玩游戏

初入网游

2006年，美国证券公司飞利凯睿在一份当年的报告中预测：休闲游戏将在未来5年内占据整个游戏产业总收入的50%。

说起网络游戏，就不得不提一个人的名字——鲍岳桥，浙江余姚人，他是中国休闲网络游戏的前辈级人物，1989年从杭州大学毕业，于1998年和王建华等人组织创办了“联众世界”，一下子成为国内著名的棋牌类网站，鲍岳桥本人也被评为“中国科学院跨世纪青年科学家”。

2001年4月，联众的网络游戏世界收获了两个第一：中国第一和世界第一。中国第一指的是注册用户数量中国第一，世界第一指的是同时在线人数世界第一。

网游的火爆再次让马化腾看到了商机，他相信凭借 QQ 的庞大用户数量，足以在这块市场中占据一席之地。

在西湖论剑结束之后，互联网上立即爆出一个惊人的消息：QQ 游戏进入公测阶段！紧接着，马化腾在北京举办了一个活动，庆祝 QQ 游戏突破100万用户的关口。这时候人们才恍然大悟：原来腾讯早就做好了冲进网游世界的计划。在2006年2月，QQ 游戏一举突破了200万用户同时在线的大关，创造了中国小型网游发展8年以来同时在线人数的最高纪录。

当时，国内除了联众之外，还有金山、盛大等网游公司。面对网游市场的“大咖”们，马化腾开始琢磨新的出路，他的关注点放在了大型网络游戏上。经过一段时间的“扩军备战”和产品跟踪，2003年5月，腾讯正式代理韩国开发商 Imazic 开发的全3D 网游《凯旋》。在马化腾看来，网游用户的素质越来越高，国内网络硬件设备的层次也在提高，所以全3D 游戏将会代替目前市场处于主流地位的倾斜45° 的2D 网游。

2004年7月10日，马化腾在中国第八届国际软件博览会上说："上市之后腾讯手中握有2亿多美元现金，网络游戏市场也将成为我们下一步投资的重点产业。"为了尽快推动网游的全面建设，马化腾组建了一支多达百人的网络游戏工作团队，专门负责网游的研发和运营。从此，马化腾走上了一条"休闲小游戏＋大型网游"的路线。

在人们的关注和玩家的期盼之下，腾讯的《凯旋》终于杀进了中国的网游市场。

《凯旋》是一款3D游戏，所以无论在视角上还是画面上都要超过2D游戏。而且，经过优化的《凯旋》同样能在低端用户的计算机上流畅运行，所以能够更广泛地吸引普通玩家的注意。

在收费方面，腾讯也独创了两条渠道：一个是移动QQ和手机加油站，通过采取手机账单的形式扣除网游所花费的资金；另一个是可以用Q币支付。

尽管《凯旋》具备很大的优势，它出色的画质在2005年之前也没有敌手，然而由于马化腾缺乏网游方面的运营经验，很快便出现了一些问题，比如服务器负载能力低、游戏装备难打却易爆以及外挂泛滥等。之后《凯旋》又出现了很多问题，于是一款原本具有很高品质的网游迅速走向了没落。

没落说明不了什么，只能证明腾讯在网游市场中还有更多的路要走，一旦这些道路被打通，腾讯将借用自身的优势为自己赢得丰富而充足的利润营收渠道。

力战群雄

马化腾第一次代理网游遭遇了"滑铁卢"，这对刚刚进入网游市场的腾讯是一个比较沉重的打击。不过马化腾很快从中吸取了经验教训，最后做出了一个重要的决定：一方面充分利用用户资源强化游戏平台；另一方面采取分区运营的办法积累经验。由此，马化腾也不再满足于模仿和代理游戏，他要自主研发，“两条腿”走路，很快腾讯将自己的假想敌设定为当时的网游巨头——盛大。

腾讯推出了《QQ 棋牌》，正好赶上盛大收购边峰游戏平台，然而仅仅过了一年的时间，《QQ 棋牌》就超越了联众、边峰等一批棋牌游戏平台，成为棋牌游戏中的王者。更重要的是，腾讯打破了棋牌游戏难以赚钱的魔咒，向中国的网络游戏界展现了小企鹅的强悍实力。

虽然腾讯缺乏游戏运营经验，不过在用户推广方面却是经验十足。腾讯先后和北京华夏、成都梦工厂等公司合作分区运营了《华夏》《侠义道》等网络游戏。

2004年，腾讯推出了《QQ 堂》，该款游戏上线之后得到了广大玩家的青睐。《QQ 堂》推出之后，有人认为它是抄袭盛大的《泡泡堂》；尽管如此，人们还是追逐着这款新生代的网络休闲游戏，每天登录游戏的玩家达到了几百万人。

《QQ 堂》取得成功之后，马化腾并没有停止前进的脚步，而是继续一边模仿、一边研发、一边小规模代理地发展网游：《QQ 对战平台》模仿《浩方对战平台》，《QQ 三国》模仿《冒险岛》，《QQ 飞车》模仿《跑跑卡丁车》，《QQ 炫舞》模仿《劲舞团》，后来出现的《穿越火线》则模仿了《CS》……不管多少人对腾讯的这种模仿行为感到不满，但他们不得不承认一个事实：正是这些被人诟病的跟风作品，再度证明了腾讯不怕和竞争对手出现同质化竞争的情况。相比之下，这些被腾讯模仿的游戏倒是出现了业绩下滑的情况。

2005年，马化腾斥资3000万元，用时两年研究开发出一款大型网游《QQ幻想》。作为一款“社区型”游戏，《QQ 幻想》帮助腾讯朝着计划中的网络社区迈进了重要一步。

随着在休闲类网游领域的经验积累，腾讯也开始回归大型网络游戏的制作，最终推出了代表性作品《寻仙》和《地下城与勇士》（韩国开发）。两个游戏一中一外，一个3D 一个2D，游戏性质和游戏内容完全不同，可见马化腾对这两个产品线进行了深入的思考。

对于网络游戏的是是非非，马化腾有自己的看法：“任何一种服务，都必须有序、适量地让用户使用。反之，不管游戏的定位是休闲还是教育，如果让用户被迫连续泡在里面的话，就是不健康的。”

为了深入推广《QQ 幻想》的健康形象，腾讯和娃哈哈集团联手，开展了名为“畅饮营养快线，玩转 QQ 幻想”的大型联合推广活动。双方对这种合作模式都很看好，马化腾认为，商业模式的好坏跟投资多少无关，而是应当考虑能否实现多方面的共赢。

通过和娃哈哈的合作，马化腾也敏锐地看到，中国网游市场经过几年的培育，正在朝着更加细分化、专业化的方向发展，网游服务市场会变得更加成熟和稳定，而国内网游厂商的成长也会促进自主研发能力的提高，所以对腾讯来说，前方还存在着大量的、未被开发的新矿山。

手游时代变数多

2014年8月13日，腾讯公布了当年第二季度财报：总营收为人民币197.46亿元，其中，游戏带动的收入增长非常明显，达到了110.81亿元，

QQ 手机版和微信上的手游收入达到了30亿元，占网络游戏总收入的30% 左右。另外，腾讯在网游领域的专利成绩也是很突出的，截至2014年11月20日，腾讯在线互联网游戏中的专利达到了64件，排行第二的华为是41件。最近几年，腾讯的专利申请量每年都处于领先地位，可见马化腾在网游领域一直是不断创新的。

目前，腾讯游戏已经成为国内大型的网络游戏社区之一，在马化腾提出的开放性网络大战略的部署下，腾讯游戏已经涵盖了休闲游戏平台、大型网游、中型休闲游戏、桌面游戏、对战平台五大类别。

现在，腾讯的 PC 端游戏受益于《逆战》《剑灵》以及《英雄联盟》的贡献，它们是其主要的收入来源。此外，腾讯推出的《地下城与勇士》《英雄联盟》《穿越火线》也成为全球网络游戏收入中排行前三的游戏。但是手机游戏的快速发展已经严重冲击了 PC 端游戏的收入，这成为整个行业的共同现象，绝非马化腾一人能够抗拒的。

马化腾现在还没有正式进军手机棋牌市场，他只是将原有 PC 端的游戏经过修改之后移植到手机上，主要靠的还是玩家的数量和多年来积攒的人气。但是只要腾讯用心整合，完全可以设计出一款更具吸引力的手机棋牌游戏平台，到那时其他公司将很难跟进。

作为 PC 端棋牌游戏的巨头，腾讯的霸主地位正在受到手机游戏的严重挑战。不过，腾讯方面表示，未来腾讯的手游业务收入会处于稳定状态，这主要是由用户体验决定的。腾讯会加紧推出新的手机游戏来占领市场，也会吸引更多第三方游戏加入。

虽然微信已经以极大的优势迅速占领了移动端，赢得了几亿用户的青睐，但移动游戏业务仍然受制于传统游戏的变现模式。相较传统的 PC 端和其他移动游戏的APP，腾讯的微信活跃用户大部分由城市的中高端人群组成。对于这一部分用户来说，他们登录微信的主要目的是放松休闲，而非进行虚拟物品的消费。从这个角度来看，手机游戏在利润增收方面存在着一定的上升限制。

现在，腾讯移动端的双平台差不多已将中国的全部网民都吸纳进去了，在腾讯的促动之下，很多的非玩家逐渐演变成休闲玩家，大部分的休闲玩家又演变成重度玩家，然而腾讯的流量和用户的导入能力却存在着受限的情况。另外，腾讯也看到了社交平台的游戏处于“瓶颈”期，因此又额外开发出了应用宝这个分发的新渠道，然而应用宝目前又依赖于微信和手机QQ平台的用户导入，导致一些腾讯手游只能在应用宝中下载，这就给应用宝的使用和发展带来了一定的压力，一旦经营不善或者布局不合理，将会引发一系列的问题。

在备受用户青睐的手游时代，腾讯能否借助微信带来的巨大辉煌在这个业务领域拔得头筹，就要看马化腾如何率领他的企鹅军团运筹帷幄了。

“全民公敌”也是腕儿，模仿是创新之母

似乎除了腾讯，在中国的互联网上再也找不到一个能够被称为“全民公敌”的企业了，再没有一个公司能够容纳几乎全部的互联网产品和服务。于是，人们将“打工皇帝”唐骏的那句“我的成功可以复制”改成了“我的复制可以成功”来调侃腾讯。其实，这恰恰是企鹅帝国的核心价值所在。

模仿和创新一直是马化腾的撒手锏，也是他“站在巨人肩膀上”的一种商业策略，甚至可以说是一种成功哲学。马化腾很清楚，在创造力相对国外较弱的中国互联网市场中，做一个先行者和开拓者是很辛苦的，甚至是比较危险的。所以，他毅然决然地选择了这条“模仿 + 创新”的企业发展之路。

虽然，人们认为马化腾的这种创业思路是在压榨创业者的成果，也有人认为腾讯的一大堆“模仿”烙印值得人们去深思，不过，时至今日腾讯依然发展得很好，除了 OICQ 的域名风波之外，几乎再没有大宗的被起诉的案例。

其实，腾讯之所以敢于模仿各领域的巨头而且又免于官司缠身，主要还是因为这些互联网核心技术根本就不在中国，比如大名鼎鼎的支付宝和一些视频技术等，它们本身就是从国外引进过来的。因此，从马化腾的模仿案例来看，很多被模仿者也是模仿者，他们都和腾讯一样，借鉴了国外的某些商业模式。

当然，马化腾在多个应用领域的成功绝不是仅仅依靠着模仿，因为模仿本身没有技术含量，任何人都可以去做，然而似乎只有腾讯的模仿让竞争对手感到了恐惧，这其中的原因是什么呢？大体上看主要有两点：

第一，腾讯模仿了这些被模仿者的某些服务应用，在功能上能够比肩对方，这是非常具有威胁性的；

第二，腾讯的用户量实在太庞大了，拥有着如此众多的潜在使用者让它随便推出一款软件之后都不愁没有市场，并且它还能够根据用户的体验进行创新。

虽然只有这两条优势，但马化腾的模仿足以让竞争对手不寒而栗。

事实上，马化腾在用户体验方面的确是做得相当成功，因为他一直奉行着“以人为本”的原则，所以不管模仿什么，都不会做得比竞争对手差。也正是因为腾讯模仿成功，不少业内人士觉得在中国互联网这个大圈子中，无论是巨头还是小型创业者，很少有人会做到100%的创新，假设只用模仿这个标准来进行衡量的话，没有任何人可以“幸免于难”。所以，人们真正忌讳的并非是模仿，而是没有创新的模仿。

来看一下QQ的创新吧。比如，在QQ下面的服务图标中，马化腾增加了各种增值服务的入口，比如QQ会员、蓝钻、红钻等，而这些东西显然不是马化腾从谁身上学来的，而是他自己独立创造出来的，是一种带有进步性质的创新。也正是因为这一类的创新，腾讯用户群体才不断扩大并更加巩固。马化腾扩充出来的增值服务也让腾讯不断获得各种收益。在这种庞大用户群体的支持下，马化腾大胆地继续各种模仿，从而根据用户的需求让每一个被模仿的产品趋近完美。

做用户肚子里的“蛔虫”

毫无疑问，腾讯之所以能将市场做得这么大，完全在于其有着庞大且稳固的用户群，而这个深厚的基础恰恰是通过对用户心理的成功把握获得的。马化腾让他的企鹅帝国成了一只能钻进用户肚子里的“蛔虫”，深切地感受着用户的各种诉求，从而不断完善和改进腾讯的各项产品，让用户获得最佳的使用感。

马化腾认为，为产品做设计最难的应该是定优先级和先后次序。因此，他对腾讯的所有产品功能的判断都不会让员工仅仅写一个报告统计下流量。因为这种所谓的报告含有很大的主观成分。马化腾一直希望腾讯的产品经理在产品设计之初就将一切有关体验的问题考虑清楚，要对产品本身投入更多的关注度。如果关注度很高，那么出来的结果也就会非常不错。

马化腾十分看重产品的核心功能，因为产品的核心功能就是要帮助用户解决在某一方面的需求，比如节省时间、处理问题和提升效率等。马化腾对腾讯产品经理的要求是：有能力、有信心做到对核心能力的关注，要热切地渴望将速度、后台做到极限。

用户体验在马化腾看来是需要有技术突破点的，为了解决这个问题，马化腾要求：关注产品的硬指标，在设计和开发的时候就必须考虑到外界会将这个软件和同类产品进行比较。

马化腾对产品的要求，其实就是要让产品的核心能力达到极致，一旦实现这个极致，就能够通过技术实现各种差异化，让竞争对手无法赶超或者是费很大力气才能赶上，这样腾讯产品自身的优势就出来了。

事实正是如此，为数不少的用户认为他们使用 QQ 最大的感受就是传文件的速度比较快。而这些用户的反馈，就是腾讯的优势所在，马化腾也及时地关注这些反馈，并让这些优势继续加强和不断完善。产品优势一旦体现出来，品牌价值也就一起提升了。

关于后台保障，马化腾还是将产品经理视为“先头部队”，因为每一个产品的更新和升级，都是要通过产品经理配合才能完成的。为此，马化腾也着手让更多资深的、做过前后端开发的技术研发人员晋升为产品经理。马化腾认为，一个好产品最好是被送到一个有技术能力和经验的人手上，这样才能让大家更放心。相反，一个产品经理如果不合格，总是拉着很多人陪着他一起干，那么最终的结果往往不会让人满意。

不论是做什么样的产品，口碑都是非常关键的，而这个口碑的来源往往是一些高端用户和意见领袖的关注方向。过去，马化腾的思路是抓大放小，满足金字塔下面的“小白”用户的需求。不过随着腾讯的发展壮大，他越来越看重高端用户的感受。

那么，怎样增强高端用户的关注度呢？马化腾认为这是在基础功能相对较好的情况下才能考虑的问题。在产品已经成型的前提下，腾讯对高端用户也有着充分的换位思考，比如会允许用户在QQ邮箱上使用别的邮箱。虽然这看起来是微不足道的产品改良，但如果腾讯完全禁止用户使用外部邮箱地址，将会引起用户的反感，反之才能真正方便用户。

关于口碑如何积累的问题，马化腾认为在腾讯的某一个产品没有口碑的时候，就不要滥用平台。产品经理最需要关注的一个点是让用户感到满意的地方。如果别的点都做好了，唯独这一块是空白的，那么用户只能给你一个差评。另外，随着用户数量的不断激增，用户自身也会帮助腾讯推广他们使用的非常满意的产品，所以这个时候切不可天天发广告打扰用户，不然可能会适得其反。因此，马化腾对待产品的研发和推广是非常谨慎的，每做一件事情、每增加一个新内容都要考虑再三，带着建设性的心态去提升产品的口碑。因为马化腾很清楚，一旦口碑毁掉了，再想挽回就很困难了。

马化腾不断地让腾讯的产品增加各种功能，与此同时，他对功能的管理控制也很有心得。当一个产品的核心功能完成之后，常用功能是要跟着逐步补齐的，设计者必须对每一个功能都考虑清楚，其中最常见的问题就是：某个功能给10%的用户带来好感的同时，会不会给其他的用户带来麻烦。所以，解决产品自身存在的冲突需要多动脑筋，要学会针对不同的情况做不同的处理。换句话说，功能多的未必就是最好，只有让用户使用得满意才是真正的好。

将用户的体验时刻放在第一位，就能找准用户的使用痛点，也就为企业的发展寻求到了新的出路和前景。马化腾正是手执“用户体验为王”的大旗，才在血雨腥风不断的互联网市场中生存下来，并以势头正猛的状态持续发展着。

请君入网，请君“上瘾”

现如今，很多腾讯用户都对腾讯产品上了瘾，这其中不光有 QQ，还有微信、QQ 游戏等。随着互联网的发展和智能手机的普及，腾讯的产品使用黏性越来越强，这让不少用户深陷其中而“无力自拔”。很多用户不仅习惯了有腾讯产品的陪伴，更是对其产生了一种无以复加的依赖感。

马化腾一直在思考的问题就是，如何让自己的产品保持对广大用户的持续吸引力。换句话说，马化腾在不遗余力地让用户上瘾。

现在来看，马化腾在以下八个方面做到了让用户上瘾。

第一，简单明了。在互联网和无线应用时代，“简单明了”是产品设计一个非常重要的原则，马化腾从来不设计那种种类繁多的菜单和眼花缭乱的按钮，因为这些会直接影响用户的感知体验。腾讯产品无论其目标群体是什么，其操作都会尽量简单化，甚至要达到小孩子都能随意使用的地步。

第二，能让用户“一心多用”。马化腾在策划每一款应用的时候，都会先去考虑用户使用这个软件的时间和地点。一般来说，假设一种软件在操作的过程中需要投入太多的注意力或者响应时间太长，就会影响用户的使用体验。就拿 QQ 来说，其操作就是比较简便的，可以让人们一边聊天一边浏览网页，不会占用太多的注意力。特别是在推出了“合并会话窗口”这个功能之后，用户在和多人进行聊天的时候也能够很快地找到交流对象，而计算机屏幕也能解放出来。这些对软件的改良，都是在保护用户的注意力，使其不会被过分地消耗掉。

第三，让用户产生控制感。一个著名的心理学家做过研究，当人们可以自由地进行选择并拥有绝对的自主权的时候，心情才会最愉悦，这种愉悦感很多时候超过了人们对财富的占有欲。从这项研究可以推出，很多用户在使用某个软件的时候，都希望能够在操作的过程中充分享有控制权，这种控制权包括对目标、时间和方式的控制。

第四，开展微创新来刺激用户。在众多的互联网产品中，想要让用户对其中一款应用上瘾，其使用体验就要产生一定的正面影响，并让用户生发出一种微弱的正面情绪反应。为什么是微弱的情绪反应呢？太过强烈的情绪反应仅仅通过一种虚拟的软件是很难实现的，而且用户会随着时间的推移产生身心疲惫的感觉，就会对这种应用有一定的排斥感，之后很可能就不会再使用了。所以，为了维系保持用户对某个软件应用的兴趣，马化腾总是想方设法让腾讯的产品循序渐进地提供一些刺激，既能让用户重复使用这种应用，又能减少他们的负面情绪。

第五，关注用户的意识和潜意识。为了让用户“上瘾”，马化腾总是会别出心裁地做出很多创意，让用户不断地使用和体验。在这个过程中，他会注意通过意识和潜意识这两个层面向用户传递信息，同时让用户和应用软件能够进行良性的互动。

第六，让用户不断地使用。腾讯推出的很多跟财富有关的QQ游戏，都会让用户凭借简单重复的工作过程得到一种积极的反馈信息，如通过玩一些麻将棋牌类游戏，可以赢得一些虚拟奖励等。而这些获得虚拟奖励的使用体验会让用户大脑释放出更多的多巴胺。多巴胺能够影响人的情绪，是一种作用于神经系统的化学物质，一旦激活了多巴胺，用户对该种软件的使用体验就会提高，从而愉悦身心。一旦用户形成了这种习惯，他们的大脑就会再度希望释放多巴胺，鼓励之前的行为活动继续下去。

第七，让用户“炫起来”。无论在现实世界还是虚拟世界，每个人潜意识中都想超过别人，不断寻求上进。马化腾看到了这种普遍心理状态，所以在设计和开发软件时，很注重这些体验。比如，QQ会员的提升、黄钻贵族的显示等。在QQ和微信这样的社交软件中，点赞功能也是“炫耀”的一种手段，它可以让用户感觉自己受到了好友的关注，也能向其他人炫耀自己的“好人缘”。炫耀心理促使用户一如既往地使用软件，这为腾讯赢得了更多创收渠道，也在无形中增强了产品使用黏性。

第八，不断夸奖用户。在虚拟的软件应用世界里，马化腾很重视夸大反馈的手段，只要不断地以这种手段刺激用户，就会让用户对腾讯的产品欲罢不能，不由自主地陷入一种“使用循环”的状态中。

在如今竞争越来越激烈的应用软件市场中，只有做到让用户“上瘾”，才能打开一条挖掘财富的高速通道。而马化腾正是带领着他的团队在这条道路上不断总结着经验，积累着技巧，并最终实现了对用户心理的成功揣摩和把握。

第十一章

新战略让对手发狂

我有 8 亿我怕谁

2007年5月16日，腾讯公布的2007年第一季度业绩显示：截至2007年3月31日，QQ 的注册数量已经达到了5.979亿人，而其中的活跃用户数达到了2.537亿，QQ 最高同时在线用户数量为2850万人。

2011年，腾讯在北京举办了一场声势浩大、规模极高的“开放大会”。在这次大会上，腾讯和全部的第三方合作伙伴共商开放大计；而这次大会的商业目的正是马化腾要和大家一起分享腾讯 QQ 的成果。

在2010年的“3Q 大战”中，马化腾做了一个比较艰难的决定：对使用360软件的用户也一样开放 QQ。正是这个看似无关紧要的决定从根本上改变了腾讯未来的命运走向，甚至改变了中国互联网行业的状态，影响到数以亿计的全国网民的网络生活。

2010年11月17日，就在这场“3Q 大战”结束之后的几天，马化腾出席了第12届高交会“中国创业家峰会”。会上他说了这样一段话：“互联网在深入影响人们生活的同时，也带来了更多的机遇，开放和分享已经成为产业的潮流。未来，腾讯将尝试在企业发展中注入更多开放、分享的元素，更加积极推动平台开放，关注产业链的和谐。将以更加开放与务实的姿态，与垂直网站、应用开发商和独立开发者等产业链合作伙伴一道合作共赢，共同促进中国互联网事业的蓬勃发展。”

马化腾的开放策略是：在 QQ 开放框架的前提下，任何一个用户不必再面对机械式的操作系统，也不会再受制于终端、操作系统等客观条件，而是能够享受到由腾讯提供给用户的更加绚丽多彩、更具人格化的在线生活网络。所谓的“Q+”，其实就是让更多的第三方应用开发商把 QQ 当作一个表演各种技艺的大舞台，直接为6亿多 QQ 用户提供服务。

这个构想的实质就是：在庞大的用户群面前，一个开放且更加智能的社区操作系统融入整个互联网世界的体系中，等于为它植入了一个坚固刚硬的骨架，将这张“大网”中的所有单位都有机地串联起来。随着“Q+”的逐步成熟，这个带着骨架的坚硬之网将越来越清晰地出现在公众面前。

从“Q+”可以发现，马化腾的一个重要企业愿景是：开放的QQ将不再单纯是腾讯的业务核心，而是一个互联网产业链的核心，它将成为中国广大网民进行各种网络活动的始发站。

马化腾构建的“Q+”具有非同小可的号召力。

2014年，国际性社交营销代理机构We Are Social开展了对世界大型网络社交平台的调查排名，在列出的世界五大社交网络中，腾讯QQ和QQ空间以及微信直接杀入前五名之列。其报告表述为：2014年全球互联网用户总量已经超过了30亿人，其中最活跃的Facebook月活跃用户达到了13.5亿人，已经接近了中国的总人口，位列第一。而排名第二的就是QQ，它以8.29亿人总量和6.45亿人月活跃账户包揽排名榜的第二名和第三名。第五名则是腾讯推出的即时通信手机应用——微信，它的月活跃用户是4.38亿人。

近几年，微信在中国市场的发展速度已经超过了QQ和QQ空间，这个现象引起了西方的广泛关注。微信之所以能得到西方的关注和QQ是密不可分的，因为至少有一半的微信用户来自QQ。

从6亿人到8.29亿人，这个明显的递增再次证明了腾讯的能量，也增强了马化腾打造一个互联网大时代的信心。有了如此庞大的用户群体，马化腾无论新推出什么软件，都会出现一呼“亿”应的壮观场面。

“三只手”掘金

2012年，马化腾对腾讯的移动部门进行了重组，为的是适应新的移动互联网时代。在此之前，马化腾采取的策略是用“两只手”掘金。

一只手是移动互联网事业群，这个事业群的作用是腾讯使无线和其他PC 部门朝无线发展从而形成一条业务线，最终促使腾讯快速成长为移动互联网企业。

另一只手是“摇一摇”的微信。仔细分析就会发现微信原本就摆脱了SP 时代的思维模式，是一种适应新时代的产物，能够对用户的体验需求采取合理的规划，很可能在未来的企业发展战略中扮演重要的角色。

当然，这“两只手”对于马化腾来说，虽然可以双拳同时出击打击对手，但是也存在着一些不可避免的缺陷。比如，这个移动互联网事业群的设计还不足以完成马化腾所设想的战略规划，只能是使其在短期内获得一定的收入。然而由于它本身是来源于 PC 端的相关业务，所以很多传统部门成了它的资源“供给地”。富有戏剧色彩的是，移动互联网事业群对传统业务又有着一定的取代作用，让不同的部门之间发生了难以回避的正面相撞。

另外，由于微信和移动事业群之间存在着重复性的投资，因此它的发展也会利用其他部门的资源。这样一来，马化腾所设想的一对拳头有时候就会交缠在一起，产生互相拖累的情况。

随着腾讯移动互联网产品的不断完善以及马化腾对移动互联网的认识加深，“两只手”战略在他看来已经不能满足现实需求，所以需要增加一只“隐形的手”。这只“隐形的手”就是收编了手机 QQ 的社交媒体事业群以及收编了手机游戏的互动娱乐事业群。经过整编之后，腾讯的移动部门不再是一个“吸血鬼”，而是一个“造血机器”，马化腾也鼓励其他部门在移动领域内资金和精力的注入。

虽然从表面看，马化腾的这种安排难免有些“骑墙主义”，也就是说腾讯没有让微信扮演一个“马车夫”的角色，而是继续扮演着“试验田”的角色。其实，腾讯的“三只手掘金”还是与“两只手掘金”不同的。一方面，移动互联网事业群短期盈利压力减小，在公司的话语权也逐步降低，相比之下微信就显得更加重要；另一方面，腾讯的手机QQ和手机游戏等赚钱业务经过整改重新回到PC部门，这让其商业价值进一步提高，也就增加了公司的收入，弱化了微信的商业化压力。

因此，假设微信能够顺利发展的话，就可以证明自己作为腾讯在移动互联网领域的“马车夫”的重要地位，也将在未来有更大的发展空间。

2014年召开的“腾讯移动开放战略大会”，被称为2014年度最有价值的一场大会。在这次会议上，与会方在新年伊始都对未来的战略走向和产品走向进行了规划。作为互联网的巨头之一，腾讯也不负众望地对外透露了一些有关移动战略的细节。

在这次大会中，腾讯将“应用宝”作为一个主打的产品。如此看来，“应用宝”似乎存在着很大的发展空间和发展潜力，而确定它的价值所在，便是“深挖社交基因”这个腾讯的新战略。可以看出，马化腾在围绕社交基因、深度整合内部产品和资源方面尝试着一条新出路，从而让用户和开发者实现利益的最大化，也让腾讯在未来的市场竞争中走出一条差异化的发展路线，在蓝海中快乐地“游泳”。

“应用宝”和传统的应用分发不同，它具有更强的个人定制色彩，这也是马化腾最为看重的一个产品闪光点。经过升级的应用宝4.0版本，不再是仅仅故步自封在应用分发渠道上，而是会根据数据来对用户特点进行分析，从而展开个性化应用推荐，更有利于提升用户的使用感知度，也会最大限度地满足用户的各种使用需求。

2013年，巨头们在谈论和试水“大数据”。2014年，则是巨头们真刀真枪地比拼大数据实力的一年，谁能够在这一年挖掘大数据而形成利润，谁就能在下个阶段谋求到有利的市场地位。相信马化腾的一系列移动新战略会让更多的竞争对手“心里发慌”，从而导致更多同类产品和相近思路的出现，这或许会让用户得到更多的选择机会，促进移动互联网市场更加繁荣。

向着动漫，挺进

2014年，腾讯召开了互动娱乐年度发布会。在这次盛会上，腾讯动漫向外界公布了一项全新的战略路线：腾讯将全力打造全动漫产业链。为了保证这个产业链的正常运作，腾讯已经正式启动了第一个全面开通的全产业链项目——火影粉丝官方站。

可以说，这一次腾讯动漫发布的消息，是一个具有战略意义的突破，它不仅意味着马化腾对中国动漫商业模式展开了全新的探索，也为广大动漫爱好者提供了一个很不错的娱乐内容体验基地。在这个基地中，马化腾将会创造出更多的质优体验。

最近几年，国家一直在致力于对动漫产业的振兴和扶持，所以一定会在很多方面提供最优厚的政策，从这个角度来看，中国的动漫产业前景一片光明。马化腾打造这个产业链，也是将动漫看作腾讯互娱的新阵地。因为他敏锐地意识到，一方面动漫衍生品和动漫周边存在着相当大的市场价值，另一方面动漫文化是一种可以表达自身情感的文化载体，很容易在粉丝群中产生共鸣。

马化腾主要在四个方面施展拳脚：第一，加强产业链漫画环节，力争为广大动漫爱好者做出最优秀的作品；第二，做强 IP 动画化环节，从而将 IP 的影响力朝着更广阔的方向推进；第三，加强动漫游戏化环节，将现有游戏和 IP 价值实现共享；第四，做强周边商品，让正版内容得到完美的发挥和聚合。

2014年，马化腾给腾讯动漫指定的生存和发展路线是：依托腾讯这个强有力的平台，将优秀的 IP 作为核心来聚集一大批动漫粉丝，帮助腾讯奠定动漫商业化的基础。

2014年，腾讯动漫还将继续延续“泛娱乐战略”，对中国本土的动漫产业进行有效的重组，从而构建出一个以明星 IP 为核心的全动漫产业链。

马化腾不光是要引入知名的动漫 IP，而且还要全力培养原创动漫 IP，吸引更多的漫画迷加入腾讯这个大圈子。一部由七度鱼创作的名为《尸兄》的漫画，在腾讯动漫刊出之后，立即得到了用户的广泛认可。在马化腾的扶持下，这部漫画顺利地实现了漫画、动画、游戏、周边的全程演变，而作者七度鱼也通过和腾讯动漫的合作，一跃成为年入百万的漫画家。

在这次发布会上，马化腾正式向外界提出了“泛娱乐”升级战略这个新概念，让人们逐渐清楚，这个新概念所包含的核心思想是互联网和移动互联网的多领域共生。在这个领域的支持之下，能够为打造明星 IP 创造出更多的粉丝经济效应，这个效应也会直接带动腾讯未来的产业链发展。

有了一个良好的产业链作为铺垫，马化腾就有了为广大用户提供良好娱乐体验的阵地。所以他会继续带领腾讯互娱在这个领域不断探索和前进，也将全身心地投入到引入、打造原创自有明星 IP 的商业战略中，以此来满足腾讯用户的娱乐诉求。

阅读为王

2013年，腾讯公司旗下的腾讯文学向广大用户隆重推出了QQ阅读安卓4.0版本。腾讯文学官方表示，目前中国的互联网在经历了微博、浏览器、安全、游戏之后，已经将下一个阵地放在了移动阅读领域。这将意味着行业内的竞争者面临着全新的挑战和生存环境。为此，腾讯QQ阅读也会在未来逐步将微信以及腾讯旗下的其他社交平台和文字阅读有机地联系在一起，不过具体怎样进行接入和整合，腾讯仍在考虑和试探之中。

马化腾这个策略的思路是非常明晰的，他看到了未来阅读的发展方向，所以加强了腾讯在数字化阅读方面的改革和推进。从目前的状况来看，QQ阅读的新版本正在朝着四个方面演进：第一是内容比过去更加丰富；第二是在功能上变得更加强大；第三是视觉上会更健康；第四是细节上会更加人性。

光有软件自然不能完成阅读，马化腾为此也加强了跟创世中文网的合作，为广大用户提供阅读的必要内容支持。可以看出，马化腾认准了这块市场的发展前景，所以将其中的每一个步骤都考虑到了。

2013年下半年，腾讯在北京召开了新闻发布会，正式发布“腾讯文学”品牌、业务体系及“全文学”发展战略。在这次重要的发布会上，腾讯发布了“腾讯文学”品牌和业务体系，旗下包含了男性原创文学网站创世中文网以及女性原创文学网站云起书院。除了这两块阵地之外，腾讯文学还容纳了数字出版平台畅销图书和腾讯文学PC门户等。当然，马化腾对移动客户端也没有忘记，在腾讯文学中增添了无线门户和移动客户端QQ阅读等产品渠道。如此广泛而丰富的渠道，证明了马化腾将会有大动作后续跟进。

这次发布会之所以引起很多人的重视，主要在于腾讯文学在发布会上宣布了接入手机 QQ 推出的“QQ 阅读中心”。顾名思义，所谓的“QQ 阅读中心”是基于“QQ 阅读”而打造的阅读平台，它的主要业务内容是社交轻阅读。如果拿它和此前推出的“游戏中心”相比，一个显著的变化就是它将出现在未来的新版 QQ 手机版中的“动态”板块中。

可以看出，马化腾为腾讯规划了一个“全文学”的战略，这个战略是基于新搭建的业务体系，其内容非常丰富，也是一个容纳了全内容和全用户以及全平台的庞大产业链结构。

这个庞大的结构有诸多明显优势。首先，在内容方面，腾讯文学兼顾了传统文学和网络文学两种类别，并通过数字出版平台“畅销图书”以及百家出版社，构成了新的战略合作，在推广网络文学的同时始终不忘记引进传统文学。除此之外，腾讯文学在用户方面也是迈出了一大步，它将给腾讯平台上年龄、性别、职业各不相同的用户群体提供富有针对性的阅读服务。也正是这种个性化的服务基准让腾讯在平台建设方面，实现了从 PC 到移动的各输出渠道的一体化：内容的一体化和账号的一体化。这个一体化的最大好处是，能够让全部的书籍信息、阅读状态以及用户数据同步更新，确保用户在移动终端上看到的是最新的内容。

为了确保阅读作品的质量，马化腾还组织成立了以诺贝尔文学奖得主莫言为核心，兼有著名作家阿来、苏童、刘震云等人的“腾讯文学大师顾问团”。

当然，马化腾没有将眼光仅仅放在文学领域，腾讯还和华谊兄弟等影视公司达成了战略合作，打造出了一个“优质剧本影视扶持联盟”，将致力于腾讯文学优质 IP 影视改编的项目投资、制作和运营。

马化腾在阅读领域的新战略，其实是对腾讯产业链的一次全新整合，他利用“泛娱乐”这个新战略思路，将其跟腾讯的互联网业务形态完美结合，从而建立了以IP授权为核心，多角度、多侧面朝着游戏、影视、戏剧、动漫等领域发展的整体战略规划。

12

第十二章

“企鹅帝国”心语

退居幕后的秘密

2006年2月15日，马化腾辞去了总裁职务，让原首席战略投资官刘炽平接任。

对于为何让刘炽平接替自己，马化腾说了一段话作为解释：“过去一年中，刘炽平先生对公司的日常管理和运营贡献良多，是我们管理团队中的重要成员之一。有了他和管理团队其他成员的协助，我可以利用更多精力制定公司战略和规划新产品方向，让腾讯为用户提供更好的产品和服务，把握潜在的市场机遇。”

应当说，在接替马化腾之前，刘炽平是一个业内知名度不高的管理人，不过他的个人能力却十分突出，在他25岁的时候，就拥有了斯坦福大学和西北大学的两个硕士学位。此外，他在股票发行、兼并和收购以及管理咨询等方面有10多年的从业经验，只是对即时通信软件还算是一个不太懂行的外行。刘炽平曾经出任过高盛亚洲投资银行部的执行董事和电信、媒体与科技行业组的首席运营官，另外还在麦肯锡公司做过管理咨询工作。从2005年开始，刘炽平出任腾讯首席战略投资官，专门从事公司战略、投资和并购的指导性工作，在此期间，腾讯的股票从6元涨到了20多元，一举成为国内市值最高的互联网公司。

在刘炽平的统一管理下，腾讯的“在线生活”战略全线铺开，一点一点地完成了面向即时通信、网络游戏、门户网站乃至电子商务的多领域开进。

刘炽平对做企业的看法是：好企业20% 是因为策略上的成功，而剩下的80% 的因素决定于企业的执行力。也正是这种原因，刘炽平最后毅然决然地选择了投身到企业之中，从帮助企业进行战略分析的旁观者转变成一个战略的执行者。

追溯马化腾辞职的动向，恐怕要说到2005年末腾讯的换标。当时媒体对腾讯换标的看法是，这只是很多公司改换新面貌迎接新一年的“讨彩头”之举。但是对马化腾来说，他可能会面临新的挑战，因为作为企鹅帝国掌门人的他将会迎来新的角色转换。对于媒体的这种解释，马化腾在2006年接受采访的时候做了修正，他认为腾讯换标是为了对自身业务多元化的一种拓展，并非只是换标而已；旧的标识也会在一些场合继续使用，只不过和新标识相比，旧标识代表不了腾讯更全面的业务形象。

显然，马化腾一句话道破了天机：腾讯将继续拓展新的业务领域，而不会仅仅满足于IM类软件，这是由腾讯在2005年业务“遍地开花”的大好形势决定的。经过一整年的摸爬滚打，腾讯已经在网游、门户、电商等多个领域小有成就，正在逐步从一家单做IM软件的互联网公司朝着一家网络社区服务公司转变。与此同时，腾讯的员工数量也增长到2400多人，这给公司的人力资源管理工作带来了新的挑战。

正是这一系列的新变化，让马化腾清晰地预见，处在快速成长状态下的腾讯，未来的发展道路上还会面对更多的新问题。而这些问题只有经过“分流”处理之后才更容易妥善地解决，因此，马化腾必须做到“专注”，集中宝贵的注意力推动企鹅帝国向前继续发展。

马化腾的退居幕后，其实还有另外一番含义：当一个企业从小变大之后，企业领导者的个人魅力所带来的影响也会逐渐变小，因为一个人的能量有限，只能在企业发展的某一个阶段产生比较重要的作用。当盘子变大之后，企业需要的不是强化领导者的个人能力和威信，而是要逐渐从个人英雄主义过渡到科学的管理体系当中。

马化腾退居幕后，和他的个人特质有关系。他是个做事专注的人，从1998–2006年，腾讯虽然在不断拓展着新的业务领域，但是也在完善和规范自身的服务工作，是当时中国唯一一个专注于网络IM类软件的互联网公司。换句话说，即时通信对马化腾来说始终是公司的工作重心，不会因为在其他业务领域掘到黄金就受到冷遇。而这种"专注"的文化体系，也逐渐成了腾讯企业文化中的一部分。

马化腾的退居幕后，是为了将腾讯打造成一个以QQ为中心的社区和平台，从而实现他的开放性网络的宏伟蓝图，让用户的互联网生活真正实现无缝化。这已经不再单纯是一种产品理念，更是一种企业精神和创业的信仰。

"腾讯五虎"变"二虎"

腾讯创立之初，五个创始人一直保持着比较融洽的合作关系，这主要归功于他们之间合理的利益分配和权力制衡，当然这和他们之间的良性互补也不无关联。然而经历了一段时间的创业之后，五个创始人分别遇到了事业上升道路上的屏障，于是，这个一度让人艳羡的团队，最终也应了"天下没有不散的筵席"的定律，其中三个创始人先后离开了腾讯。

第一个离开腾讯的是一直专注于投资的曾李青。2007年，曾李青正式辞去了腾讯COO这个职位，变身为一名终身荣誉顾问。外界猜测说，曾李青之所以在2007年离开，应该是和刘炽平接替马化腾出任总裁有关系。因为曾李青之前一直负责腾讯的日常运营工作，而刘炽平在走马上任之后，负责的也是公司的管理和运营。因此，从这个角度来看，曾李青的离开有一点"你上我退"的意思。之前说过，曾李青是一个个性比较张扬的人，和低调行事的马化腾形成了鲜明的对比，所以两个人在一起共事久了，难免会影响到马化腾威信的树立，或许这就是曾李青离开的原因。

当曾李青在投资领域干得风风火火的时候，腾讯的另一位创始人陈一丹于2013年3月宣布离开腾讯，当时公司正好刚刚发完财报。

一直以来，陈一丹在腾讯担当的重任是首席行政官，并从1999年开始全面负责腾讯在行政、法律、政策发展、人力资源以及公益慈善基金等方面的事情，此外还负责处理知识产权和政府关系等事宜。

腾讯的其他创始人很多时候都是站在马化腾的身后，而陈一丹可以说是“身后的身后”。在他腾讯任职的15年中，基本上没有媒体单独对他进行过采访，做事十分低调。由于陈一丹精通法律，对腾讯从一个名不见经传的小公司发展到一个世界知名的大企业，在规范发展和规范化管理方面有着不可磨灭的功绩。

在腾讯，大家一致认为陈一丹和马化腾都属于性格沉稳的类型，无论做什么事情都会考虑得比较长远，而且陈一丹和马化腾能够互补：马化腾在产品和技术领域出众，而陈一丹则在法律方面拔尖，能够很快地吸收和消化马化腾提出的新点子和新策略，并从专业角度提醒马化腾在实践中应注意到哪些问题，避免触及法律。

陈一丹的离开是和其他创始人提前沟通的结果，在征得大家的同意之后才着手安排卸任的步骤。经过两年时间的安排，腾讯的业务稳定了，团队也成型了，陈一丹这才放心地离开。从他的离职流程来看，也充分体现出了他做事沉稳有余的态度。

技术大牛张志东也是一个做事低调的人，很少在公众场合露面。在腾讯，张志东身兼执行董事和首席技术官两个重要职务，全面负责腾讯专有技术的开发，其中包含了即时通信平台、大型网上应用系统等。所以，2014年3月19日，当张志东宣布正式离任时，很多人觉得有几分惋惜，毕竟张志东正当壮年。

然而从腾讯的现状来看，自家产出的微信已经盖过了QQ，张志东主管的“基础即时通信平台”在腾讯内部自然逐渐受到冷落，而张小龙创造的微信成了核心。

另外，张志东主管的大型网上应用系统的开发，已经有了新生力量的接替，那就是毕业于中国科学技术大学计算机科学与技术系的卢山。也正是因为有了接班人，张志东不免产生了“英雄迟暮”之感，也深知互联网世界是年轻人的世界，所以最好的选择是让贤，过几天轻松的日子。

现在，五个创始人中唯一剩下的就是许晨晔了。现在，许晨晔的主要工作是全面负责腾讯有关网站财产和社区、客户关系及公共关系的策略规划和发展工作。不过有一点特别的是，许晨晔虽然是腾讯的主要创办人，却不是公司的执行董事，也是五个创始人中股份最少的两个人之一，他所负责的工作多数是内部和后台方面的。

或许在创业之初，没有人想过离开，只是当时间的轴线逐渐延长之后，每一个创始人的心路历程都变得各自不同，对世界的认知也发生了变化，所以就选择了不同的道路。

我也要版权

由于曾经被ICQ起诉，专利和版权的问题成了马化腾不得不重视的公司要务。他也清醒地意识到，腾讯决不能在同样的问题上犯错。2003年，腾讯专门成立了一个独立的部门——法务部，用知识产权来保护自身的权益，并很快对外招聘知识产权研究员、法务高级专员和专利律师等职务。

马化腾打造的这个保护系统，开始于任何技术和业务产品研发立项之初，也就是说有针对性地制定配套的知识产权保护策略，让每一个产品在法律层面都做到“无懈可击”。除此之外，马化腾在新产品的SCM（供应链管理）系统之内，加入了对产品以及新业务进行发布前的知识产权评审，这样才能够及时发现新发明和新创造，也可以起到防止侵犯他人知识产权的作用。

在新的QQ头像诞生之后，马化腾也加紧了对这些艺术创意设计的知识产权保护，避免自己精心打造的产品被他人利用。

首先，他开启了商业机密和版权的共同保护机制。腾讯对已经创作完毕的作品，比如软件代码、设计图纸等，都施以严格周密的商业机密保护策略，目的就是为了让核心的创业理念和商业战略不外泄，确保其在市场竞争中掌握核心的有利因素。

其次，加强了对版权和商标权的双重关注。2000年，腾讯将设计出的企鹅卡通形象视作腾讯最重要的企业产品之一，进行了版权登记，此外还进行了全类商标注册保护，防止他人窃取这个深受广大用户欢迎和喜爱的形象设计。与此同时，腾讯对商标也有了足够的重视，对旗下的核心商标进行全类注册保护，形成了以QQ企鹅为核心的卡通形象产品群。

最后，确立了专利和版权的双保护策略。在专利保护方面，通过打造专利管理数据库系统和专利申请项目跟踪系统，将版权和专利保护很好地合二为一，从而实现专利申请的整套电子化流程和管理。这样一来，腾讯在知识产权保护方面将会更系统化、规范化。

随着知识授权为腾讯带来的收益逐渐增多，马化腾又面临着一个新问题，那就是在众多的知识产权中如何有效管理。众所周知，知识授权是一把"开弓的箭"，往往是"有去无回"，一旦进行了授权，被授权一方就有了充分的自主权，如果在合作条款中没有写清楚的话，很可能会让对方夺走对产品形象的管理权。

马化腾对这个问题逐渐重视起来，随着经验的逐步积累，他最终确定了一套具有腾讯特色的管理 QQ 品牌形象授权的模式。这个模式的内容是：腾讯要求一切使用 QQ 卡通授权的产品，无论是开发、生产还是销售，只要涉及再创作、变形等更改时，就必须事先征得腾讯的允许，不准擅自做主，而且这些经过变更和再创作的图像、文字等产物，其产品名的知识产权都归腾讯所有。

从表面上看，腾讯加大知识产权保护有点"幡然醒悟"的意思，实际上腾讯的这一步是其企业发展的必由之路，只是在域名之争事件促动之下忽然爆发而已。应该说，马化腾推行的这些保护策略，是对腾讯在智力创新层面的保护，而他推行的知识产权授权策略，让腾讯的品牌价值得到了迅猛的提升，这是一个最能"直接见利"的实施步骤。

马化腾是一个能够从教训中吸取力量的人，他没有因为域名之争而垂头丧气，反而从中看到了隐藏的商机。在他将创意和科技有效结合之后，终于将 QQ 逐步打造成一个著名品牌。也正是因为曾经输掉了官司，马化腾才更加深刻地意识到知识产权是企业品牌的核心竞争力。

"马氏双刀"的诀窍

作为一个网络巨头的创造者，被誉为"企鹅之父"的马化腾，自然具备了很多成功者的优秀特质。不过总体来看，最重要的也是最突出的有两点：后发制人和抓住机遇。这两个做事原则成了马化腾为他的企鹅帝国开疆扩土的“马氏双刀”，一路上斩杀敌众无数，建功立业无数。

马化腾的人生哲学是，只有后发才更有力量，而且后发的成本和风险要低很多，尤其是当腾讯具备了一定的平台优势之后，只有以后发的方式才能确保万无一失。当然，马化腾也认为自己是一个比较保守的人，不喜欢冒险。他曾经说过：“我们会做小的创新和尝试，但网游和电子商务等比较大的项目肯定要后发，后发可以研究哪些最适合我们发挥。比如我们觉得淘宝的方式能够发挥中国网民的人气，我们的电子商务就会倾向于它们的形式。”

马化腾认识到“谋定而后动”的重要意义。至此，无论马化腾决定做什么，都首先考虑怎样将企业自身的学习周期和即将投入产业的生命周期进行协调，从而让整个计划在平稳当中慢慢推进。

由于互联网发展和演变的速度很快，通常是在几个月间就会冒出一些新生事物，因此判断哪个是热点哪个不是就比较困难，所以任何可能性都始终存在。在如此难以捉摸的变数之下，身为一家企业的领头人，马化腾不得不谨慎做事，因为一旦他做出错误的判断，付出的代价可能是很惨重的。所以他越来越不愿意充当“先行者”，而是希望通过观察别人的表现来考量自己是否要跟进，并从他人身上汲取优点，经过自己的改良和完善之后再推到市场中，从而形成强劲的品牌优势。

不过，马化腾虽然后发，却是一个善于把握机会的人。马化腾在很多公众场合都谦虚地表示，自己是一个幸运儿，之所以能够成功是因为抓住了机遇。马化腾觉得，无论是他还是他的团队，都不能说是特别聪明的那种类型，而腾讯的产品其实也并不复杂，只是公司抓住了每一次促使其飞跃的机遇而已。

1995年，马化腾知道了互联网，这就成为他捷足先登的第一步——他将会比别人更早地接触到有关计算机的新技术，后来很多的互联网精英也都是凭借这个优势打下了自己的江山。

当然，仅仅了解互联网是不够的，还需要对整个互联网发展的脉络有一定的敏感度。马化腾正是这种人，他对新技术的认知始终敏感，能够做出正确的商业判断，对市场的风向也有着很强的预见能力。

马化腾的优点在于，他能够迅速地抓住身边的有利条件，给自己和机遇创造出“邂逅”的条件。比如，当时的计算机人才还是很匮乏的，而马化腾却利用深圳的地缘优势，大力挖掘人才，筹措资金，这是他总能和机遇“结缘”的重要原因之一。

除此之外，马化腾还有一个抓住机遇的“秘诀”，就是他在做出决策之前，一定会把相关的细节考虑清楚，而不会贸然投身进去无法自拔。马化腾的实用主义理念使他不会像那种商业赌徒，抱着孤注一掷或是听天由命的心理去面对机遇。相反，他会把前因后果都考虑清楚，能够让投资方对他的构想和计划放心。可以说，马化腾不是靠感觉创业，而是靠分析来创业。

正是由于腾讯抓住了互联网发展的机会，才在即时通信领域成了当之无愧的霸主。其实，对互联网稍有了解的人都知道，聊天软件赢的往往不是技术，而是进入市场的先后。一个软件研发得再出色，如果注册量少的话也会无人问津。而腾讯正是通过抢占了先机，从而积累了数以亿计的用户。于是，这个企鹅帝国便越发壮大，它的人气和优势也越来越显著。这一切都是因为马化腾明智地抓住了机遇。

后发制人，让无数前辈倒在腾讯脚下；把握机遇，让无数同行败于腾讯面前。马化腾正是凭借这一对时刻挥舞在手的“双刀”，为企鹅帝国的基业杀出了一条血路。

时代在变化，技术在发展，从互联网到移动互联网，从 PC 端到手机端，小企鹅经历了一场内容深刻的技术革命和文化革命。虽然未来的路不可预测，不过在以“沟通”为产品核心的企业理念的影响下，企鹅帝国依旧会沿着这条成功之路继续探索下去，在新的征程中书写新的辉煌。

附录：
“互联网+”时代的连接升级

尊敬的任主任，尊敬的李院士、邬院士，以及陈副市长，以及各位嘉宾：欢迎大家来到“互联网＋”峰会的论坛现场！我的同事告诉我，今天在场的有超过800位的政府官员、专家学者，以及我们的合作伙伴，还有我们的媒体朋友。而且我的同事告诉我说今天上午一票难求，以至于他的微信名字都改成了“没票”，但是我们下午有四场论坛可以容纳更多的朋友来参加。因此，我们特别珍惜现在和大家交流的机会。

我记得，刚才主持人介绍，去年我们办第一届“互联网＋”峰会的时候，当时离去年“两会”提出“互联网＋”行动纲领间隔的时间非常短，经过一年多时间的准备和筹备，我们有更多的、更充足的“互联网＋”领域的成果和大家进行汇报。

去年我更多地提“互联网＋”是用“工业革命”这样的比喻，比如我们一二次工业化蒸汽机时代以及电气化，我们这次是第三次工业革命之一的组成部分，就是信息能源。我们把互联网当作一个各行各业都可以积极拥抱的能源的形式来理解的话，我想我们所有的行业都应该更加清楚地看到互联网不是一个和它无关的新经济、新领域，而是一个息息相关的、你必须拥抱。否则你就会落伍的新领域。

从这个角度我们可以看到，过去一年多的时间在好几个重要的领域，比如在通信、金融、零售、O2O、交通领域发生了巨大的变化，我也想跟各位简单地分享我观察到的一些情况。

就我们所处的“互联网＋通信”的传统电信领域来说，运营商已经非常适应像微信等新生代的数据为主的互联网通信方式，而且合作得也非常好，整个传统电信业从话音、短信为主转向以数据消费为主，这样的商业模式已经顺利地过渡。过去的摩擦已经不复存在，我们现在是联手一起展望未来的发展。

但是我们一年多来也看到，在这个领域也会产生很多其他接踵而来的社会问题，包括不良信息的传播，因为通信平台流转得非常大。这给我们带来很大的责任感和压力。信息的流转、安全性，包括媒体一报道，我们昨天晚上和今天早上还与团队部署，就是在这个平台上滋生出一些涉赌有关的不法行为我们怎么打击，这些都是“互联网＋传统通信方式”带来的新问题。

金融方面，互联网金融发展得很好，但是打着“互联网＋金融”创新旗号，实则是非法集资的情况也在接连发生。这些都是我们要特别关注、特别警醒的一些问题。

更不用说O2O了。我们在座的合作伙伴都是我们在线上、线下结合，O2O领域的佼佼者。可以说在去年和今年这一年半的时间里，整个中国O2O发生了巨大的变化。我们看到，不管是在58赶集分类广告领域，还是在包括美团、大众点评等这些领域都发生了很大的变化。这个变化在震动中产生了很多推动变化发展的契机，旅游行业的携程、去哪儿、艺龙等产业都在发生融合。

在“互联网＋交通”领域更加是我们目前竞争最激烈的垂直领域之一。从过去滴滴、快的激烈的竞争到合并之后又跟Uber（优步）在市场上长达一年多的竞争，我们可以看到这个产业还在高速地发展。但同时我们也看到，从政策角度也遇到很大的挑战，比如“互联网＋交通”怎么面对传统出租车，以及出行领域的这些政策法规上的问题怎么解决？遇到冲突怎么办？

在前不久贵州大数据的一个会上和总理交流，我就大胆地提了个建议说，当时我们拿自身和阿里巴巴的案例做对比：如果在10年前，淘宝的小店主、店家因为没有营业执照或者不能开发票而被政策完全清掉，那可能就没有今天的阿里巴巴了；如果5年前微信诞生的时候，因为简单地认为这个冲击了运营商、通信受影响而出台政策把它直接关闭，就没有今天微信的市场。所以，总理也非常认同说，我们在看到新生事物的时候可能更多地要看一看，对于暴露出发展中的问题，要想办法解决。所以，在“互联网+”时代其实挑战很大，会遇到很多的困难。

过去这一年以来，在城市服务和公共服务方面也有很大的进展，各地政府，经信委、发改委都非常支持。我在去年到今年跑了十几个省，积极地推动“互联网+”的方案，也讲了很多堂课，跟很多官员介绍这个概念，它有什么好处，等等。可以说一年过来，我们看到有很大的进展，我们看到在公安、税务，还有很多领域，包括医疗卫生、教育等领域都有很多的成果出现。在我们众创平台里还看到诞生出了很多垂直领域的创新公司，因为“互联网+各行各业”，每个行业的知识都非常复杂，都非常深。在这个领域里诞生出了很多垂直领域的合作伙伴，在座很多合作伙伴都是做这方面工作的。

我相信“互联网+”其实在未来是有很多创新机会的。我们腾讯应该做什么，不应该做什么？在这种大环境下腾讯的定位很清晰，我们是做连接器。我们希望我们提供一个连接器的基础功能，基础的组件能够把服务和用户连接起来，以及把政府拥有的庞大的数据开发出来，解决“最后一公里”，和用户对接起来。其实各地政府在过去十几年做智慧城市已经储备了很强大的数据基础，就差最后一步的开发，这方面是大有可为。

我们也在思考，比如在合作伙伴的大会上我也在分享，腾讯应该更关注什么，做什么，而不该做什么。我思考了一下，大概有几方面。

第一是云服务。腾讯在云方面一直非常强，但过去，我们只是服务自己内部的产业和内部的系统，并没有把它开放出来，在今年会彻底地开放我们在云方面的能力。同时把它商业化，包装成好的产品，给社会，给政府，给合作伙伴。

第二是地理位置信息 LBS。LBS 在未来移动互联网时代和下一代的人工智能时代是非常重要的一个环节，它是一个基础设施，它本身不是一个业务或者有很大收入的业务。腾讯在地图方面的投入，包括我们和合作伙伴滴滴，它每天有上千万的出行、实时的交通数据、数百万车辆实时地理位置信息的汇集，以及包括京东每天数百万单的送货、物流，还有干路上的物流都有庞大的地理位置信息，它们既是 LBS 信息的消费者，又是 LBS 信息的生产者，更不用说像美团、58它们有遍布全国数十万商家。包括外卖、快递等这些服务，深入到小巷里鲜活的地理位置信息它们都可以共建、共享以及共用这个基础设施，这是一个非常有未来的基础设施。

第三我们还关注安全。我们多年来立志在安全领域不惜代价长期投入。在移动互联时代，我们手机端的安全服务得到了业界的认可。就在两天前，苹果的 WWDC 大会上，对腾讯手机管家的骚扰拦截模块进行了官方唯一推荐。这是对中国，以及对腾讯安全团队的一个极大的认同。以后大家在苹果手机上就可以直接过滤掉一些垃圾短信和推销的电话营销，以前是没法做到的。我们还有很多领域都要关注基础设施，包括支付等。

今天我们的大会将会推出一个很重要的环节就是我们“互联网 +”指数，去年的时候我最后提到我们希望跟各地经信委合作，能够用更科学的方法编制“互联网 +”指数，能从各行各业、各维度汇集各地的信息，能够给各省、各市，甚至各个区在各行业拥抱“互联网 +”的指数方面有一个更加数字化的表现，这样在各地推动的时候会有一个抓手。今天我们将会宣布这样一个“互联网 +”指数。

腾讯庞大的数据，包括公众账号，其实已经包含了各行各业的资讯，但是我们觉得还是很不够。因此，我们跟业界的这些老大们，像老刘、老姚、王兴等，包括滴滴，在微信里我单独跟他们沟通：你看在零售领域、电商领域、交通领域、O2O 生活方面，我们没有最鲜活的数据，能不能把你们的数据一起共享出来；我们去年在不同的城市，在不同的领域，你们的数据怎么样，能不能一起融合，通过加权智能分析得出一个最能够反映中国现状的数字化 GDP 的全景图。

我开始觉得不一定能做到，因为我怕出来的数据非常不可信，但我们团队经过几个月的努力，我觉得今年应该是有一定成果，但是未来我希望能够做得更加实时化，甚至以后每一天都会看到各地鲜活的变化，能够更加快速推动“互联网 +”的发展。

我就不多说了，因为下午还有四个论坛，以及等下我们团队还会更多阐述刚才提到的“互联网 +”指数。

最后，我预祝本次峰会圆满成功，预祝在场的嘉宾能够给我们贡献更多好的思想。谢谢大家！

2016 年“互联网 +”峰会的论坛

MA HUATENG & TENCENT

THE STORY OF AN ONLINE CHINESE EMPIRE

BY **LENG HU**

TRANSLATED BY **DECLAN FRY**

CONTENTS

FOREWORD

What is this thing called the internet? More importantly, what can it do for us, this modern invention that provides simple ease of access to a world of complex information. The internet represents a technological and cultural revolution, which has heralded a new era of industrial development – all at the click of a button.

In terms of Tencent QQ – popularly known as QQ – its founder, Pony Ma, captured the internet's most revolutionary aspect: communication. QQ has become an indispensable part of people's lives as communication has moved from traditional mediums, such as the telephone and letters, to networked communication. With QQ's little penguin logo and mascot, Pony Ma created a miracle inside the Chinese internet's 'experience economy'. He has allowed countless netizens to discover the ease and magic of online exchange at the touch of their fingertips.

Certainly, Pony Ma is one of the earliest classic examples of an internet enthusiast, as well as representative of the new economic age in China. His fortune happily coincided with a period of reform and openness in the People's Republic of China that bestowed a new atmosphere of creativity and provided a solid grounding in technology. This helped turn many entrepreneurs' dreams into reality. In a sense, the internet age in China represents a new kind of individualism and an emphasis upon the individual pursuit of dreams and aspirations.

No doubt the QQ kingdom Pony Ma created greatly changed people's notions of social interaction and helped to reshape ideas regarding interpersonal connection. It allowed people to reveal themselves through a new virtual world as they interacted with others. It made the conventional way of socialising more efficient and cheaper. It was a small piece of software that could link the entire world.

As communication has moved online, the evolution of exchange has taken on new forms. Tencent and netizens are not the only beneficiaries of this development. The whole internet age has benefited. Communication, through apps like QQ, has lubricated the gears of revolution and has led people towards a more advanced age.

CHAPTER 1

AN ENGINEER WITH COMMERCIAL ACUMEN

UNSUITED TO ASTRONOMY

Born in Shantou in Guangdong and brought up in Hainan, Pony Ma gained his sense of limitless wonder for the unknown world from the bright starry skies of his childhood.

His fascination with those starry skies resulted in a desperate longing for an astronomer's telescope. At first, his family was unresponsive; even Ma himself knew his request was excessive. Nevertheless, he felt obliged to vent in his diary: "My parents' approach could kill the astronomer within me." Later, his mother, on accidentally seeing his diary, began putting aside money for him to buy him the much-coveted telescope.

From the moment he received the instrument, Pony Ma would gaze transfixed towards the heavens. Years later people would ask him: "What would you say is the proudest moment in your life?" Earnestly, he would reply that it was photographing Halley's Comet in 1986 for a small cash prize.

His father, Ma Chenshu, was a cadre and former accountant for the Hainan Port Authority. His highest position in life had been as board member of a listed Shenzhen company. In addition, he shared a hometown with Hong Kong businessman Li Ka-shing, one of the richest men in the world. Li provided venture capital to Tencent, and so everyone knew his father's network had provided Pony Ma with not inconsiderable power. Ma Chenshu also acted as the accountant for Tencent when it was newly established, and provided his son with both direct and indirect instruction.

It was not just Ma Chenshu who helped Pony Ma, though. His mother, Huang Huiqing, was a prime example of the strong woman in the old adage of the 'woman behind every successful man': for a long time she occupied the post of Tencent's legal representative. Pony Ma once claimed that this was because, at the time, the legal representative of a newly launched company had to be a retiree or unemployed, and so he utilised her help.

But we digress.

In 1984, a 13-year-old Pony Ma followed his parents to live in Shenzhen, attending the best middle school there. In an environment where the motto of, 'time is money, efficiency is life' ruled, a work ethic was gradually nurtured in the young boy. His personality and ways of thinking were not yet set, but they would grow alongside that of Shenzhen, China's most youthful city. Perhaps he felt himself inseparable from the city at this point, choosing to take his final *gaokao* examinations at nearby Shenzhen University.

It might be expected that someone as obsessed with astronomy as Pony Ma might have taken astronomy as a major. But his studies had refined his ideals. As he gazed into the heavens, he realized astronomy was far removed from everyday reality, and so chose his other love, computing, as his major, perhaps seeing some commonality between the unknown universe and the potential for new discoveries in the developing field of computing. Indeed, computing and astronomy shared some attributes: both of them attempted to explore mysterious worlds, providing Ma with an outlet for his natural curiosities and skills.

In his fourth year at Shenzhen University, he was already an outstanding talent in computing. But his graduating thesis was unexpectedly practical: an analysis of the stock market. With this outstanding piece of work he graduated with ease and received his Bachelor's Degree.

An internet company, aware of his work, showed interest in purchasing one of his programs, and gave him the remarkable sum of ¥50,000, a huge amount for the time.

In spite of such initial success, Ma remained modest and, after calm consideration, decided to take up employment in order to continue accruing valuable experience before making any further decisions.

His patience and modesty, in combination with his steadiness and calm, allowed him to navigate this first junction in the road and to take advantage of the situation, with an eye to potential future benefits. If we carefully examine how Ma planned his life, we can see a steady and sure enterprise: he always had his feet planted firmly on the ground and began from practical realities, providing a firm foundation for a bright but uncertain future.

TAKING OFF

In 1993, Ma graduated. He went to Runxun Communications Development Company as a software engineer. Runxun was established in 1990, its main operations involving paging services. Relying on the concept that the market should determine services, the company created a number of famous products. Runxun's red advertising banner – One Call, Connecting China – was a recognizable symbol all over the streets of China.

Between 1995 and 1998, the company's legendary status reached its uppermost heights. Although Ma was not a well-known figure in the company, he rode its fortunes and saw his vision gradually widen and expand, as he refined his ability to explore problems from different perspectives and vantages.

There were two distinct skill sets in which Runxun particularly assisted Ma. One such area was that of instruction in management skills. He learned how to construct and govern a large-scale company, and how to compete and aquire a share in a new market. He also learned how to gain capital from Hong Kong, Runxun having been listed on Hong Kong's stock exchange.

Secondly, he had access to some of Runxun's earliest clients and customers. As he was forming Tencent, he worked on the launch of a complete service for pager customers at Runxun. Working at the most famous telecommunication company in the country allowed him to make many connections in the industry. These connections gave Tencent an edge over the competition.

In Runxun, he learned a completely new approach to the development of software. Its great significance lay not in creating dazzling programs, but functional and efficient ones. As a result, he was interested not in manufacturing the most creative designs, but the most practical, which would be used by the greatest number of people.

Day after day, faced with all variety of projects, he would work, unwearied. His fascination with computers grew. He further developed the knowledge he had gained during his degree, and his reputation grew along with his skills.

In the third year of his employment at Runxun, he began to engage in side interests – among them, the mighty Chinese fidonet, or CFido.

CFido came into existence in 1991, and was most popular between 1993 and 1998. It was a BBS internet network, linked by telephone wire and based on peer-to-peer sharing. Computer enthusiasts (or 'geeks') independently created and maintained the system in their spare time.

As a veteran geek, Ma took a great interest in CFido. After half a year testing the program, he decided to set up a substation in Shenzhen. In 1995, using four telephone lines, he connected eight computers and set up his Shenzhen branch, calling it Ponysoft – the "Pony" coming from the English translation of his last name.

Taking care of Ponysoft on the one hand and working at Runxun on the other, his attention began gradually to shift towards the former – not least because CFido was attracting more high-end talent, from whom he could learn about the frontiers of programming.

Working patiently in seclusion until he could realize his potential was one of the secrets to Ma's success, and something many others were unable to do. He had an instinct for when to attack and when to withdraw. Through using his knowledge of himself and his environment, he was able to lessen the probability of any negative or illjudged decisions.

Once, in an interview with Shanghai's *Waitan Magazine*, he explained that he was a capital market entrepreneur as well as a software engineer, yet had always preferred the latter side and retained an inexhaustible interest in programming. As Tencent's product range grew, he would occasionally assume the role of the company's chief product tester – not only testing the products personally, but those of other companies as well. Once, he even proudly stated that he had tested every piece of instant messaging software the company had released.

One day, while surfing the internet, he happened to come across a messaging app called ICQ. In an instant, his attention was captured. The discovery would prove a major turning point in his life.

Instant messaging provides many wonderful benefits, but what precisely is it? From a technological point of view, it is a form of communication software that has consistently proven to be superior to the alternative electronic means of communication. It combines the immediacy of the telephone with the simultaneity of email in an effective hybrid form.

Before instant messaging became commonplace, the range of functional possibilities it offered seemed unimaginable. This was because, along with the ceaseless reinvention and perfection of instant messaging technology, it was able to move offline into the spheres of voice messaging, email, net conferencing and SMS – a complete onestop shop. In addition to these benefits, this compilation of functions could be organized, easily assimilated and learned by users.

Instant messaging was created by three young men from Israel. Initially, they had simply planned to create a communication tool for their own use, but their insight destined the small program for greatness. Eventually it became a widely-used online communication tool. Yet, in the beginning, it was simply a way to communicate between three people.

The three Jewish men proudly dubbed their software 'I seek you'. For convenience, this became simply 'ICQ'. As they became more adept at writing the program, they formed a company called Mirabilis, which officially launched ICQ to the public. At its largest, the share price and development of Mirabilis attracted much attention, allowing the company to be sold to America Online (AOL), one of the world's largest websites, for US$287 million.

After entering the market, ICQ gained a popular following among a large number of netizens, soon becoming an integral and essential part of people's daily life online.

ICQ's considerable power can be seen in how it was able gain precedence in the world of the internet in such a short period of time. However there were setbacks and weaknesses that prevented ICQ sustaining its development in China. In a world of competing internet heroes, those who take the lead often have a considerable advantage. However, ICQ lost its best chance to take advantage of this principle in China due to three crucial factors: firstly, there was the problem of business philosophy. The founders of ICQ were not fully aware that their arrival heralded a major revolution in communication technology, and so they failed to make plans to promote the product globally.

In addition, their market was restricted to Englishlanguage users. To make matters worse, even after ICQ became widely utilised, management were unable to adjust their marketing tactics, continuing to stick with conventional approaches. Opportunities were missed and their competitors overtook them.

The second factor to hinder the potential of ICQ was the operating environment. To survive in a global communication network, instant messaging must transcend geographical limits and network communication tools. Issues of software compatibility, user habits and other factors doomed ICQ's attempts to successfully transplant the software to a foreign country. They failed to take positive measures to rectify the fact that ICQ users and non-users were unable to overcome the communication barriers between ICQ's software, a factor that greatly restricted ICQ's expansion. While the US internet had combined the software of AOL Instant Messenger and ICQ to produce a simple, functional version called ICQLite, it was difficult to replicate the same success in China.

The final problem was presented by the language barrier. This was ICQ's fatal flaw – not having native language availability. Since it was introduced in English, it was always difficult for those from non-English speaking countries to use. The only users in China who were not restricted by this language barrier were those with English-speaking ability.

Although ICQ did not go far in the Chinese market, without a doubt it opened the world of instant messaging, allowing people to realize the possibilities of a technology that could connect people across great distances.

The greatest benefactor of ICQ's influence on China was Ma. As a veteran computer enthusiast and internet user, early access to ICQ captured his attention. He would often communicate online through ICQ with friends, wandering through the wondrous avenues of communication and discovery opened by the internet age.

After some time using ICQ, it occurred to Ma that there were a billion people in China and, given the great demand for instant messaging software, the Chinese needed their own native instant messaging software.

Ma considered not only how to develop his own software, but how to make it bigger and better than ICQ. Several years of webmaster experience no longer sated his appetite; in an era when everyone was battling for internet supremacy, he wanted to devote more time and energy to launching his own entrepreneurial career.

SPARING NO EFFORT

In April 2010, in an interview with *Chinese Entrepreneurs*, Ma said: "When I first began thinking about what the internet can bring, I was involved in pager technology, and my first thought was how the internet could be made to function like a pager. I wondered how to combine the two technologies' operating systems, in order to bring something to the paging industry and forestall its decline. Because I could see that it was a sunset industry, from the moment mobile phones were arriving and text messaging was becoming popular."

Not only did Runxun lack strategic vision, the whole paging industry was blind to their bleak prospects. Their moment in the sun created a collective blindness and, from 2000, when a turning point in the market arrived, virtually all paging companies spiralled into panic. By 2001 they were facing the end, and, in 2002, complete extinction. Ultimately, the once-bright Runxun sacrificed some of their customers to a large telecom company called Liantong.

In addition to the decline of the paging industry, there was also an external factor that affected Ma's plans for the future. Ding Lei, the founder of NetEase, took seven months to write his free-to-use Wangyi email software and sold it for ¥1.19 million to Guangzhou's Feihua network. Ma felt acutely conscious that the internet was a goldmine of opportunities that was simply lying there, waiting. With opportunities passing him by, he could not afford to remain on the sidelines any longer.

Ma's business idea was simply to explore new paths on the internet, in order to find how he might add value. There was a rumour suggesting that Ma had asked Runxun about the possibility of developing a piece of software like QQ, but that this forward-thinking proposal had failed to catch the attention of management, who were unable to realize the development potential of such a small piece of software.

The reason management had trouble recognizing its potential was that they failed to recognize the importance of customer information, preferring, instead, to focus purely on profit. In reality, customer loyalty, not wealth, may be said to be the most important resource in business; perhaps for this reason, Ma recognized that his approach was not compatible with Runxun's and that he would be better served by focusing on his own business.

In October 1998, China's internet entered a period of rapid development. In that year, Charles Zhang founded Sohu, and Zhou Hongyi created 3721: two companies that excited the IT community and created a flurry of activity. Others quickly launched businesses, hoping to carve a place for themselves on this new battlefield.

Ma, of course, was no exception. Although he did not yet have a clear idea of the specific area of focus upon which to direct his business, his course was already determined: combining paging technology with the internet. His reason for settling on such a goal was that he already had five years of professional experience in these areas, and this accumulated capital could help him.

But he couldn't do it alone; he would need to find a team. His first comrade was Zhang Zhidong, a fellow computer studies student from Shenzhen University. After graduation Zhang had gone to South China University of Technology to major in computing, gaining a Master's degree. He then returned to Shenzhen to work on the technical team of Shenzhen-Shanghai stock trading software at an increasingly famous computer company.

When he and Ma were studying in Shenzhen University they were both top students, but Zhang was the top of the top – even compared to all the other computer experts in Shenzhen.

One month after Ma and Zhang established Tencent, the company's third founder entered the scene: Zeng Liqing. Zeng was a communications student from Xidian University. After graduation he had gained a stable job at Shenzhen Telecom. At that time, Ma and Zhang had been classmates from middle school to university, along with the daughter of the President of the Shenzhen Computing Association. Zeng met Ma and Zhang when they were invited to one of the association's activities.

Zeng had the boldness and courage of a pioneer, and Shenzhen was one of the first areas to push forward broadband. The project had nearly failed, but Zeng relied on his efforts to see it through to success – the same effort he would bring to the futures market, which was quite an achievement in the 1990s.

Besides these three, Tencent's other two founders were Xu Chenye and Chen Yidan. Xu Chenye was also a classmate of Ma and Zhang in Shenzhen University's computing department. He later studied computer science at Nanjing University as a graduate student, before working for Shenzhen's telecom branch along with Zeng Liqing. Easygoing of character, Xu Chenye was known as something of a 'Mr Nice Guy'.

Chen Yidan, formerly known as Chen Yizhou, had been a classmate of Ma's at Shenzhen middle school, and a chemistry major at Shenzhen University. He had changed his name because of the fame of another Chen Yizhou, who was renowned as the CEO and founder of the company ChinaRen. Chen was a scrupulous lawyer, and knew how to arouse enthusiasm in those around him.

Four brothers, then, and comrades in Ma's enterprise-now it was time to realize his ambitions for expansion.

CHAPTER 2

ENTREPRENEURSHIP IS NOT A GAME OF MAHJONG

KEEP YOUR EYES ON ANY SETBACKS, AND MOVE FORWARD

In November 1998, Pony Ma and Zheng Zhidong jointly registered Shenzhen Tencent Computer Systems Ltd. They called the company Tencent owing to links with Ma's own name, and various influences on his career: Pony Ma's name contained a character pronounced something like "Ten", meaning to soar upward. The "cent" character was due to the influence of his former company, Runxun, as the "xun" sound, changed to a vaguely similar English equivalent, became "cent".

Each founding member assumed a Tencent QQ number: 10001 to 10005. In order to carry out their duties, they were all allotted a separate 'sphere of influence': Pony Ma and Chen Yidan were CEOs; Zhang Zhidong was chief technology officer; Xu Chenye was chief information officer; and Zeng Liqing was chief operating officer.

In terms of their respective share investments, Pony Ma held 47.5%, Zheng Zhidong 20%, Zeng Liqing 12.5%, and Chen Yidan and Xu Chenye each held 10%. Although Ma had originally the greatest stake, he had arranged for his proportion of shares to be dropped to less than half, in order to prevent a monopolistic, dictatorial situation. At the same time, Ma insisted that he be responsible for the company's primary funds, because he didn't want the equity to be too dispersed and did not wish for any single person to have the ultimate decision regarding any crucial questions.

In the company's early days, Pony Ma and his team struggled: they were bewildered at times by the problem of finding their future direction, and they were struck with regret when the day-to-day work of the company met many challenges.

Despite these initial struggles, their venture was an unmitigated success: by their tenth year, in 2008, the seemingly small and potentially insignificant company had accumulated a set of statistics that could only be described as awe-inspiring. QQ's total number of users had reached 856.2 million, with active users at 355.1 million;

they had a record of 45.3 million simultaneous online users; monthly payments from users for value-added services of 30.3 million; and mobile and telecommunications value-added services paid monthly by 14.8 million users. Tencent's third quarter income was up to ¥2.245 billion – half a billion more than the aggregate income of Baidu and Alibaba during the same period. Alibaba and Baidu were China's second and third biggest internet companies respectively.

Tencent's start-up capital was ¥500,000, at that time by no means a small sum of money. But for fairly small internet companies, if strong and robust investors cannot be found, and profitability cannot be found, no matter how much initial funding may exist, it will eventually be exhausted.

Ma did not fashion himself as an unchallengeable tycoon, but simply as someone trying to bring the worlds of internet and pagers more closely together, in order to create a kind of wireless paging system. Tencent's main clients at the outset were Shenzhen Telecom, Unicom and some paging stations in Shenzhen. Pony Ma was most interested in the development of instant messaging software; this was a tangential project he was developing.

This only existed as a side project initially, for similar reasons as to those which had motivated Runxun management's rejection of Pony Ma's proposals: people could not see any immediate profit in the messaging software. Of course, Pony Ma knew the development potential, but at the outset of Tencent, it was financially impossible to invest capital in the project.

The founders of the company faced many challenges in the initial phases of starting up: they did not initially understand marketing, or how to effectively move their products; they would attempt to market them to telecommunications operators, but often found the door slammed in their face.

Tencent's five founders avoided being crushed by the dangers that followed the opening of the market. After their failures, they would actively encourage each other; after every attempt, they would always find users willing to accept them. Ultimately, this persistence and positive attitude of mutual encouragement paid off.

On 11 February 1999, Tencent finally developed a Chinese software for ICQ: QICQ. It was officially launched online, becoming the key that would lift Tencent to new heights.

The gap between QICQ and the QQ of today was immeasurably big, and QICQ was indeed just a Chinese version of ICQ with no special qualities of its own. It earned Tencent the accusation from many that they were simply a copycat company.

However, let us consider the situation at the time: Tencent had just ten employees, and only a few million yuan in funds. Yet they also wanted to conduct their own independent research and software development, limited though they were by funds and technological capability. There was little choice but to pursue a policy of 'research by mimicry'.

Pony Ma's next step was to find a solution for making the QICQ software profitable, and so they began looking for a suitable buyer. At that time, some of the country's banking and post offices were able to provide 10 or 20 million yuan to finance projects by internet companies like Tencent. Pony Ma, who was actively engaging with a number of companies and organizations, promoted QICQ to them, seeking over ¥300,000. Unfortunately, Pony Ma's bid failed, losing out to a Guangzhou telecommunications company.

Although the failed bid seemed a crushing blow at the time, in retrospect, it was beneficial for the company. If their bid had succeeded, the QICQ patent would have fallen into the hands of others and thus slipped from their grasp. In Ma's view, the difficulties and pressures they faced were only temporary. As long as they kept focused on the present, good fortune would come.

The 'emperor penguin' would prove to be the very thing that heralded QICQ's rising fortunes.

In copying ICQ, Pony Ma and his associates had discovered areas where the program was lacking. For example, all of a user's information was saved in the area where they logged in; once a user changed computers, the contacts they had added and all their information were lost. In addition, ICQ only allowed users to chat with friends who were also online, and required the information provided by users in order to help them search for friends. It had a weak search capability, and the user experience left a great deal of room for improvement.

These seemingly subtle differences, and the scope to improve upon the challenges they presented for users, were capable of placing a company at a great advantage on the Chinese internet. Many netizens in China were surfing through internet bars, and naturally they would wish to have their QICQ information stored in the server and not the client profile or individual computer. Ma recognized that ICQ's vulnerabilities and weaknesses provided opportunities for improvement. He prepared a program that allowed users, no matter how many times they changed computer, to retain the friends they had added.

Meanwhile, he attempted to meet users' needs by allowing them to message offline users and to chat with anyone else who was online. QICQ also allowed users to select a personalized avatar. MSN launched a similar function a few years later, proving to the world the value of the improvements Pony Ma had made.

A new challenge now presented itself: how to allow more potential users to understand and use QICQ. There was only one way: publicity.

Ma knew that a modern business required clever marketing. Among those large Chinese web portals that had received foreign investment, all had, without exception, engaged in massive marketing campaigns that left people in awe.

Tencent had yet to receive any venture capital. Pondering over the reasons behind this, Ma had no choice but to carve another path. He promoted the company through BBS forums, personally visiting online the BBS forums of domestic universities to put up his advertisements.

The plan worked, proving his sharp tactical vision. Owing to the fact that the spread of the internet in China happened relatively late, those who were familiar with it were predominantly young and based in universities. They had an appetite for the internet and a love of being online and understanding the technology. Aiming advertising at them proved an effective and purposeful method of satisfying a growing, and hungry, market. Soon, many university students were QICQ users.

Ma's other marketing tactic lay in internet cafes. Due to the fact that home computers were relatively rare, people would go to internet cafes to get online. These cafes all had a number of pre-installed programs; thus, advertising QICQ through them seemed to provide one of the most efficient means of gaining publicity.

Not long after, Pony Ma's 'Penguin Age' arrived: in November 1999, the number of QICQ users soared to 1 million, reaching 5 million in April 2000. On 9 May 2001, the number of US users of ICQ broke the 100 million mark, eliminating any doubts about the potential of online messaging and confirming the wisdom of AOL's decision to buy ICQ for US$287 million in 1998. However, the Americans' engagement with online messaging was matched by the growth in China – by the end of 2001, China's number of QICQ users had exceeded 90 million. Even more surprisingly, QICQ's users were growing at the speed of nearly 390,000 every day.

Matching or surpassing the growth of ICQ was just a matter of time. The number of QICQ users had grown from 0 to 90 million in a period of three years. An examination of the figures might seem to suggest that the growth was effortless. However, behind the scenes, Pony Ma and his team were constantly honing and testing their product. With the rapid rise of QICQ, ICQ finally discovered the presence of this silently growing 'twin brother', and were suspicious of its sources and legitimacy. A technology patent lawsuit was inevitable.

As QICQ became increasingly popular, ICQ grew nervous. Between August and September 1999, Tencent received two letters online from the US, stating that they had patented the letters ICQ, and that when Tencent registered, on 26 January 1999, the domain name oicq.com, and, on 7 November 1998, oicq.net, they violated intellectual property rights. AOL were requesting Tencent transfer, free of charge, both domain names to them.

Ma did not provide a clear response to either request. But AOL appeared to be serious, and on 3 March 2000, they officially submitted their case to the National Arbitration Forum in Minnesota, as well as submitting the details of their arbitration case to Tencent.

CHAPTER 3

THE WOLF OF THE CAPITAL WORLD

By November 1999, QQ's user numbers had increased to 1 million. For Ma, the news was a source of both excitement and anxiety: on the one hand, they could claim a growing number of users; on the other, the financial pressure upon the company was also growing. In the second half of 1999, Ma held discussions with the other founders and they collectively decided to sell part of their stake, as this would allow them to utilise a large proportion of QQ's users as a bargaining chip.

Ma later recalled the incident: "In 1998, when I first founded Tencent, the internet industry in China was just beginning. At that time there were only 3 million internet users, a fraction of the more than 300 million that currently exist – 100 times more! The environment was not so good at that time. Access to venture capital had just begun, and opportunities were few."

At first Ma considered finding a bank. But he discovered that the gap between the banks and the emerging internet industry remained a large one. They did not have the slightest interest in QQ's users, because they could not see the possibility that, one day in the future, there might be money to be made from the little penguin's non-feepaying users.

Ma was worried. He knew he would have to find some other way of sustaining and nurturing his fledgling business; he would have to find another route. Later, he discovered that opportunities for financing from overseas were far more plentiful, and changed his original plan to seek foreign investment.

In accordance with the provisions Tencent had defined at its outset, Ma was solely responsible for the financing. However, the lack of money had become such a pressing issue that, in addition to Ma, another CEO, Zeng Liqing, was enlisted to help.

At that time Tencent was valued at US$5.5 million, and Zeng hoped to raise US$2.2 million, which would yield about 40% of shares. US$2.2 million was the figure the five founders had agreed upon, with 40%

representing the value they could withstand – their bottom line.

In order to attract foreign investment, Ma planned meticulously, afraid of appearing vulnerable. The crux of his proposal was that Tencent required money to buy servers and increase its bandwidth. However, the plan was less specific regarding how they would make a profit, referring mostly to membership fees and advertising. In fact, membership fees and advertising were common to most internet companies, and it was difficult to highlight any features or advantages unique to Tencent. The plan did not mention proposals for text messaging charges, anime and value added services, and (perhaps the most profitable opportunity) online gaming. All the potential highlights of the plan were therefore obscured.

Although Zeng Liqing has become one of China's most appealing angel investors, at this point in time, when financing was still relatively new, there were few convenient financing channels. Zeng's plan was simple: find a few acquaintances who could make recommendations.

The first person occurring to Zeng was Alvin Liu, with whom he and several of Tencent's founders had a good personal relationship. In addition there was Zhang Zhidong, a former colleague. Both had worked at emerging computer companies. During Tencent's earlier 1 million capital increase and share expansion, Zeng had borrowed money from Alvin Liu.

Alvin Liu offered to help introduce Zeng to investors. Zeng in turn promised 5% of any finance secured to Alvin. Alvin recommended Tencent to IDG (Pacific Risk Technology Funds). Zeng, for his part, identified Hong Kong's Pacific Century Cyberworks as a potential source of finance.

IDG and Pacific Century Cyberworks both wanted to make investments in Tencent. Not because of the commercial plan of some 20 pages prepared by Ma and his team, but because of the story about how ICQ had been sold to America Online for US$287 million.

Perhaps both companies felt that QQ was the Chinese version of ICQ – not worth hundreds of millions of US dollars, so much as millions. Indeed, if ICQ could find popularity across the globe, then why was QQ in China not booming?

Thus, in the first half of 2000, after the first phase of financing in Tencent, the founding employees held 60% of the shares, while IDG and Pacific Century CyberWorks of Hong Kong took US$1.1 million worth of shares at 20% each.

US$2.2 million for an internet venture seemed a comparatively small sum of money, particularly when many companies received multiple millions. However the money was crucial to the company's advancement: with the investment, many of Ma's ideas would soon become a reality. He used the money to improve the hardware facilities. They bought up servers and bandwidth – 200,000 IBM servers. They also strengthened the development and improvement of QQ's software. Not long after this point, QQ had overtaken the competition and become a leader. The arrival of QQ's new devices filled Ma with endless satisfaction.

Many entrepreneurs experience hardship, and Ma was no exception. After receiving financial assistance, he began to concentrate on continuing to innovate his Instant Messaging programs. He believed that, although many people could not see the grand potential of QQ, it was only a matter of time before all these possibilities would be realized.

THE GENTLEST PHILOSOPHY OF FINANCING IN HISTORY

After the first round, Ma and his team were working hard on their various advancements, while the investors observed from the sidelines having noted that there had been no changes apart from Tencent's purchase of a few servers. Even when Ma again found himself financially stretched and looking for investors, they were no longer willing, thinking that the little penguin should have been satiated. More money would have felt like throwing away their equity share, and so they refused to lend a penny to Tencent.

At that time, IDG was more positive, and helped to find buyers to support the company through the crisis. In contrast, Pacific Century's attitude was unclear. There had been a time when they said they would consider providing more money, but later they seemed hesitant, and Ma could neither fathom their thoughts, nor predict their final decision. Eventually they met Richard Li, a major Hong Kong businessman, at a tea garden restaurant and signed an investment agreement with Pacific Century, who provided a fairly generous deposit.

Pacific Century also recommended the company to its associated business, the TOM group. Although TOM group had high-level exchanges with Tencent, they could not agree to invest. With the investment of over US$1 million, the rejection did not prevent IDG and Pacific Century from doing their best to help Ma afterward.

What Ma did not expect was that, as he and the team worked feverishly for the little penguin, they would encounter the 'internet winter'.

Just when Ma was worrying about the source of their next round of financing, an American appeared at Tencent's office. He was from Milad International Holding Group (MIH) and held the position of Vice President of China operations for the company.

MIH was no ordinary investor, and had more than simply deep pockets and ambition. Their main business was interactive television and pay TV, and at that time they had reached an annual turnover of tens of millions and a market value of more than US$4 billion. They were greatly interested in China's internet companies and were looking for a reliable partner with whom to enter the Chinese market.

MIH's Vice President had a wide range of investments and helped MIH form ties with Tencent. In 2001, MIH bought a 20% stake in Tencent from Pacific Century and a 13% stake from IDG. But MIH realized they had been overly timid when they saw Tencent's development. They did not want to merely play the role of a supporting equity investor.

In June 2002, changes were made to Tencent's ownership structure. After careful consultation with MIH, it was decided that the specific management of Tencent was up to Ma and the others. MIH would be restricted to two non-executive directors, who would not have specific regulatory powers.

In this regard, Ma's position was very clear: he could not let outsiders gain control. To do so would be worse than never having gained external financial investment in the first place.

Ma's insistence on such a management structure avoided the potential for much conflict, and reflected his vision as a strategic manager. Of course, MIH also brought stability to Tencent's shareholding structure – another important factor in Tencent's success.

At this crucial point, Ma had pulled through and avoided a crisis, as well as having gained valuable experience as part of the process. Maturing while simultaneously making a profit: perhaps this was the only option available to an entrepreneurial enterprise, and for its leader.

MAKING REAL PROGRESS

In the spring of 2000, QQ recorded 100,000 simultaneous users, and Ma sent out an enthusiastic press release. Not long afterwards, to Ma's great excitement, the People's Daily reprinted the article online.

Until August 2001, Ma felt satisfied and tranquil regarding finances, the business having found a new source of income. Tencent and Guangdong Mobile signed a cooperation agreement, which would allow QQ users to talk in real time with any mobile user in Guangdong who had both QQ and SMS. In the new age of communication, this was a herald of the dawn of a new age for netizens.

Through its smooth progress in cooperating with Guangdong Mobile, Tencent achieved profitability, and, thanks to advancements in internet messaging technology, it soon held half of the market's share in text messaging.

In the wake of Tencent's business improvement, Ma found other tools to make money apart from SMS, including advertising, QQ's mobile service, and the fees of QQ's member businesses. Among these, the greatest source of profit was the outsourcing of QQ's brand, from which Ma made a 10% agency fee.

Seeing the little penguin's fortunes escalate, Ma realized that those areas that many people wrote off as unprofitable could turn out to be anything but. With great passion, he would say that they had not realized how to use QQ's money until the company from Guangzhou had come calling, showing great sincerity and, to Ma's great surprise, providing hundreds of thousands of dollars.

Although this achievement was inseparable from Ma's own efforts, the evolution of the internet and changes in its environment also played a role. Ma's idea at the time was that earning money would help to promote Tencent, effectively killing two birds with one stone.

Not long afterwards QQ began to launch news broadcasts, informing people where to buy toys. This simple communication became emblematic, and spread to other forms, like online dating and online friendships. From this point onwards, QQ became a cultural symbol, not simply a piece of instant messaging software. In this growing culture, new words like "online relationship" and "online friends" began to appear.

In August 2000, QQ introduced banner advertising. According to statistics from December of the same year, Tencent's revenue from advertising had reached ¥1.5 million. The bursting of the internet bubble had little effect on QQ. At its worst, advertising revenue had halved by February 2001; but by March it had picked up again.

Apart from traditional means of profit, such as advertising, Tencent introduced paid memberships. Tencent had over 3,000 members, each of whom contributed between ¥120 and ¥200 a year. Although their numbers were few compared to those of ordinary users, they were at the vanguard of new profit-making initiatives at Tencent.

By the end of 2001, Tencent had successfully achieved a net profit of ¥10.22 million. In 2002, this increased to ¥144 million – more than ten times the previous year. By 2003, when it stood at ¥338 million, profit had nearly doubled compared to 2002's figures.

By 2004, Tencent would achieve a record ¥1.144 billion turnover, a 55% increase. They had also achieved net profits of ¥446 million – a 38% increase.

From this point on, Ma finally began to enjoy a sense of stability and achievement. He was transitioning from being a struggling entrepreneur to a figure emblematic of accomplishment, and he was beginning to draw attention. People were becoming conscious of his acumen and started to herald him as a success. However, only a few understood the determination, hard work and struggle that lay behind the shining façade of his achievements.

THE BIG BREAK

During the early days of his startup, Ma had always actively searched for new ways to make money for the little penguin, welcoming anybody, so long as they could earn profit and would not hurt the core of QQ's identity. His view in this respect was becoming increasingly diverse, as he discovered new opportunities in many areas.

At the end of 2000, China Mobile officially introduced the majority of its users to something called 'Monternet'. No one could have guessed at the way in which this new value chain would save a large number of internet companies – and that Ma would be one of the major benefactors.

The situation Ma was facing was that of hundreds of millions of registered internet users, and a great deal of consumer demand. Unfortunately, Ma could find no means of levying a fee, and Monternet's phone charge suddenly reminded Ma that there was an acceptable means to impose a fee.

Soon, Tencent launched a mobile service for QQ. It wasn't long before QQ mobile became the backbone of Monternet, its shares at their highest point representing 70%.

In 2002 and 2003, two new QQ services were launched, offering SMS, ring tones and online dating services. Ma also created online games for a university.

Similar to online gaming, the purpose of Ma's information portal had an overriding purpose – to open up the market for online advertising. Advertisers wanted to gain access to influential websites, and gateway websites were the easiest place to build influence. Although Ma felt the size of the market was larger than that for online advertising, the potential for growth for advertising was larger than that for games, and so it would be worthwhile developing an online portal.

However, there was a problem: many users had become accustomed to QQ's emphasis on youth interests and entertainment. To break this link would require the addition of more sophisticated portals, and a new name and identity. Ma also took into account the need to have a clear division between the brands of the portals and chat tools. His solution was that, when it became clear that the users would no longer need entertainment, they would drop it of their own accord. He did not want any negative feedback from users.

Soon, 'Tencent Net' was born. In order to transform it into a high-end brand, Ma recruited new staff on a large scale. He also agreed to sponsor the 2010 Shanghai World Expo, a golden opportunity to build up the portal's image.

Under the agreement, Tencent was responsible for creating an online platform for the Expo, in addition to its interactive and e-commerce platforms. Ma indicated that the exposure would mean that more people would recognize and acknowledge that Tencent was not simply a chat tool.

Under Ma's strategic planning, Tencent's portal website and online gaming were a success. The next plan was to test the water in the area of value-added services.

In fact, although the concept of value-added services was not clear to many users, had they been asked what 'Q coins' were, they would have been very aware. For Ma, these seemingly insignificant gimmicks and the rapid growth of online gaming could ensure the proper functioning and development of the company, while simultaneously providing opportunities for Tencent's portal and e-commerce outlets.

In 2001, Tencent officially released a ¥120-a-year Q card. Not long after this, a paid version of QQ and a chess-themed game followed. This paid version of QQ had virtual game-like properties and allowed users to choose virtual clothing.

It is said that when the new version of QQ was approved, the 80-page proposal led to serious and probing discussions with What is PPT?, despite Tencent's relative lack in confidence in the new venture at the time. It had, however, since become the most profitable part of Tencent, and made Ma a much-lauded hero in the world of value-added services.

Ma had a subtle and distinct business philosophy, which others had dubbed the 'Three Self-Questions'. He was said to have frequently asked himself the following three questions in situations where the wisdom of engaging in a new business initiative had to be assessed:

Question 1: Can you be an expert in a new area?

A competitor might be interested in business, profits, and capital, but not necessarily take customer demand into account. In contrast,

Ma possessed what might have appeared, to the internet market, to be a vague sense of understanding regarding the technicalities of the particular business area in question, but was actually a sharp instinct, which helped Tencent to achieve direction. He possessed a kind of frenzied interest and enthusiasm with which to build Tencent's framework, which placed technology at its core. This concept in particular was at the heart of the company's daily production and business: a focus on technology development and quality improvement.

Question 2: If you don't do it, who will?

The real value of developing software lay in its practicality to the user, rather than in the happiness it brought to the developer. Ma said: "I'm just someone who really loves the internet, and what those who use it most need, what will be most useful for us to have – that's all."

Question 3: Once completed, can the new project maintain a competitive advantage?

In the second half of 1999, when the paging market was growing, Ma faced a crucial choice: on the one hand, the paging market had shown a decline; on the other, QQ's users had increased to 1 million and the number was steadily growing. Ma was still not aware of QQ's potential. Whether in technology or capital, he lacked confidence in grasping QQ's competitive advantage. To this end, Tencent's strategy was three-pronged: firstly, focus on perfecting QQ's function and developing a new version; secondly, seek funding support from investors; thirdly and finally, continue to strengthen the technology of traditional pagers.

Later, many people would see that Ma's path had been correct. In fact, it was not Ma who contributed to Tencent, but Tencent itself that contributed a miracle.

TENCENT'S SUCCESSFUL LISTING ON THE STOCK MARKET

From 2001 to 2003, Tencent's scale and profits both grew massively.

In August 2003, Tencent bought out the stake remaining in IDG and recovered a small stake from MIH after the readjustment of their ownership structure. In the end, they stood as they had before the IPO, with MIH holding a 50% stake.

Tencent's public data showed that in 2004 they enjoyed a ¥1 billion profit in the first quarter, an 87% increase over the same period in 2003. But Ma didn't want Tencent's sources of funding limited by venture capital. In order to accumulate more diversified finance channels and contribute to the stable operation of Tencent, he began plotting how to seek out and aquire other sources of finance.

Regarding the question of where to float Tencent, Ma said, "Among underwriting consultants, there were six suggesting Hong Kong, four recommending the NASDAQ, three recommending doing both…it was all making me rather big-headed. The average price-earnings ratio of Hong Kong's listed companies was low compared to the US, but I began to wonder – what if I were a market leader in Hong Kong?"

Eventually, Ma settled on Hong Kong. He explained that the stock market requirements were stricter than those of the NASDAQ. With Tencent having achieved three years of consecutive profit, they were the only Chinese internet company eligible to list in Hong Kong.

After some preparations, on 7 June 2004, Tencent, the biggest supplier of instant messaging products and the QQ service, had an IPO on the Hong Kong stock mar ket, offering shares to overseas investors. When this was announced, there was a stir on the internet within China. Until then, few people had known Tencent was going public, as Ma had feared that too many headlines would cause a media panic.

Tencent was officially listed for trading on the Hong Kong Stock Exchange on 16 June of the same year. At HK$3.70 per share, the company had a market value of HK$6.22 billion. After the listing, Ma was a multimillionaire.

The listing once again revealed the charms of the little penguin. Tencent caught on quickly with shareholders; and although most investors reacted more rationally, Tencent's stock horse soon bolted, the result being that it was oversubscribed 146 times over.

Ma planned to use the funds accrued from Tencent's listing to inject HK$818 million into Tencent's new strategic direction, which comprised instant messaging, entertainment, and takeover targets, including e-commerce and value-added services in music. He did not rule out future acquisitions in areas such as third-party technology developers and service providers. With the remaining HK$250 million, he would expand the company's existing business.

Some analysts pointed out that, judging from 2003, even if Ma had not raised shares, their cash flow was strong enough for them to have an instant communications and entertainment business equivalent to a small or medium company. Indeed, from the first quarter of 2004, Tencent's revenue was in a state of sustained profitability. From a financial perspective, the share listing was not, it seemed, entirely for the sake of money.

There were also some investment banks who, as major shareholders, had contributed to the company's listing solely for cash purposes. Yet a closer look at Tencent's shareholder structure would reveal that MIH should have already withdrawn its investment. Why would Ma give such a large piece of meat to Hong Kong's public shareholders?

There were also some investment banks that believed that Tencent's listing had been motivated by the decision of major shareholders, who wished to cash out on their investment. However, given its meticulous observation of Tencent's shareholding structure and business, MIH should have already recovered its investment. Why then would Ma bestow such a big gift upon public investors in Hong Kong?

Although the answer is uncertain, it can be seen that Ma adhered to the local development strategies familiar to Hong wme management and structural coordination problems after its listing, the company had mostly tended towards stabilisation and regularisation. As well as having gained a wealth of experience and wisdom regarding enterprise and business development, Ma had developed better, more scientific mechanisms of management. If the company had not been listed, it would have faced many problems in the future and a potential lack of momentum.

Along with its listing, Tencent faced the problem of encouraging staff. In 2008, Ma gave an interview to the Beijing Youth Weekly. Speaking of Tencent's employees, he said that both the founders and shareholders were very important and that a number of elements were vital in order to attract talent: financing, the company's image, and the circulation of shares and options.

Within a few years of listing, the company was pursuing equity incentives. It issued an equity incentive plan in December 2007: shares would be purchased by an independent trustee with the cost paid by Tencent. The plan would be adopted by 13 December 2007 and would be valid for ten years. The board granted that it would limit the total number of shares in the issued share capital to 2%, and that no individual would hold more than one 1%.

On 29 August 2008, Tencent's board decided to award 184 employees a million new shares in the company as a bonus, in a move aimed at attracting and retaining talent. On 10 July 2009, Tencent's board also launched a massive equity award programme, granting shares to a total of 1,250 employees. It was no small incentive and left people amazed.

As can be seen from this equity incentive plan, Ma had taken his team of little penguins to a fresh stage of development. With new problems arriving, he had launched novel policies to address the obstacles that lay ahead, allowing the ship to sail further through the internet's rough seas.

4
CHAPTER

CHALLENGES AND DIFFICULTIES

STEALING ACCOUNTS

After QQ had become an essential tool for many users, a very interesting phenomenon was born, one that surrounded users like an inescapable phantom: identity theft.

Once upon a time, identity theft on QQ was a rampant phenomenon, placing many users on the offensive: hackers stole virtual property and a social circle, in a move that could wreak havoc on the the user's work and life. Even today, when identity theft is harder and more complex, the phenomenon still exists. As a result, QQ faced more and more complaints from users.

This caused problems for Ma, who, due to the size of QQ's user base and the proliferation of professional and non-professional hackers, faced obstacles in cracking down on the problem.

On 17 January 2013, after the conclusion of the fifth meeting of the People's Congress in Shenzhen, Ma, attempting to quietly leave, found himself encircled by the media. In response to questions, he stated that, in 2013, a major priority for Tencent would be improving information security.

Ma's words were not merely reassuring rhetoric: in 2013, Tencent had 20,000 employees, of whom 2,000 were specialists in information security. Tencent also employed verification codes and complaint forms, which would allow users to recover stolen identity numbers.

Ma wanted to put an end to the problem of identity theft, but knew that solving the issue could mean inconveniencing users, through the use of more registration restrictions and added forms of user validation. Despite the fact that there seemed to be a great potential for a negative impact associated with using more rigorous security measures, he hoped that legislation could be promulgated to improve information security.

Indeed, with the problem showing no sign of abating, Ma decided to take strong retaliatory action. Tencent used a combination of technical means and judicial powers for the counterattack, increasing the frequency of verification code protection and other means designed to effectively deter and prevent theft.

With keyloggers and trojans running rampant, Tencent introduced 'nProtect' encryption technology. They publicly announced that they would continue to use legal means to crack down on identity theft. In addition, Ma reminded customers not to run programs of unknown origin and to remain wary of QQ news from non-Tencent websites, as these were easy avenues for criminals to exploit.

There was also an intellectual property issue: in recent years, violations of intellectual property involving hightech enterprises and infringement of commercial secrets had gained greater attention.

Ma stated during an interview with *Chinese Entrepreneurs* that: "Part of Tencent's connection with netizens was supporting security and cooperating with public security and other organs. One group we caught stealing was comprised of more than ten people in Guangdong, the largest case to date. It took nine months to uncover, but saved us a lot of trouble later on. It also made me realize that many young people do not realize that stealing virtual goods is a crime, and so we have to put more effort into policing it. What I'm most worried about now is network security, and I believe that now what we have is absolutely first-class protection against account theft."

There was still a long way to go in fighting identity theft. It was a game of cat and mouse that would be difficult for Tencent to avoid as it continued developing.

CONTROVERSY OVER PAID REGISTRATION

After QQ entered people's lives, it became one of the first sites that users would log on to after turning on their computer. Its convenience hinged on the fact that users could chat online and transfer files online and offline; business owners could use QQ mailbox; and there were applications such as QQ games, QQ music and 'QQ Farm', producing a large number of dependent users.

The question still remained: if QQ were one day to become a paid service, who would use it? Although users found the notion strange, in 2001, many new users had begun to consider the idea.

With the 2000 NASDAQ stock market crash, global internet companies faced the internet winter, followed by a domino effect, which resulted in the decline of the IT industry, as sectors across the market faced turmoil. At that time, Ma was considering other ways in which Tencent could make money.

In conventional economics, the diminishing of marginal benefits is usually gradual, but this was not the case for the internet. Areas that had remained static for long periods would, at the moment of reaching a tipping point, suddenly see a dramatic surge as their benefits revealed themselves.

So it was for Ma's little penguin: in the middle of 2001, Tencent's user base increased rapidly, straining operations.

In desperation, Ma began to control user registration. Since February 2001 it had become increasingly difficult to limit user registration, and large numbers of new users joined every day.

Ma was uncomfortable because Tencent's monthly expenses were around ¥2 million, of which three quarters could be attributed to increases in the cost of equipment. By March 2002, Ma attempted to launch a new service selling QQ registrations. In September 2002, in order to control the surge in users, he officially launched paid registration at ¥2 a month, halting free QQ registration and one-off numbers. By November of the same year, QQ issued legal warnings, banning the sale of QQ numbers.

At the end of 2002, the news arrived that broke users' hearts: free numbers and certain paid numbers were to be halted, leaving users the option of applications for numbers with bimonthly charges.

Chinese internet users had become accustomed to free access to resources and information from the internet, and expressed hurt at Tencent's actions. It was reported that, having lived with pop-ups and flashing window ads, the reality of being faced with this method of increasing revenue seemed unfair.

At the time, it was not only QQ's netizens who opposed the changes, but the media as well. Tencent issued a statement on 22 August of that year, noting that they were limiting registration because some users had registered more than one QQ number, taking up a considerable share of resources. He reinforced that the company had also shown a great deal of restraint, hoping to avoid upsetting users and hoping for a win-win situation.

Ma was entitled to unilaterally carry out reform, with users having the ability to accept, or to decline any changes by exiting.

In May 2002, rumours circulated around the internet that QQ would become a paid service. By July, Ma gave a telephone interview in which he said that the fee would only apply to new users, with a ¥10 per month option for some.

Ma explained that the changes were all part of an overall strategy of development, and that, for newly registered users, Tencent would increase the number of services, such as password protection, to give them peace of mind. In addition, Ma said he would maintain free registration and open up more overseas accounts.

In June 2003, Ma sent a message across mobile services that, for their third birthday, they would be offering longterm free QQ numbers.

In August 2003, QQ once again opened free registration to users, but based it upon the condition that users could not go longer than seven days without logging in. This was changed to one week, then a month, then three months. In the end, the restriction only applied to malicious registrations.

These policy adjustments were born of Ma's awareness of Tencent's need to supplement its meagre sources of income with registration fees, but did not compensate for the loss of users, making Ma more determined to strengthen his model.

In May 2010, Tencent's business model was different from other companies, and involved offering a number of free services for its more than 500 million active users. Covering billions of China's internet users, Tencent planned to develop value-added services as its main source of income.

Ma's plan for his business model, even on a global scale, was unique. It would later come to be known as 'Pony Ma's code'.

The essence of this code was to divide the services into two parts, one representing Tencent's underlying business, and the other its diverse and high-end value-added services.

THE CORAL INCIDENT

In 2006, for internet users and companies alike, the situation was tumultuous: there was rogue software across the internet, online trading had taken off, and celebrity blogs had become a focus of attention.

As always, Ma was working on updates to QQ, putting the finishing touches to Coral QQ. Yet its creator, Chen Shoufu, could not have imagined the disasters that would follow.

Coral QQ was third-party software, based on Tencent's QQ programme, which included a complete coral integrated installation kit that did not modify QQ's source code.

Its main developer was Professor Chen Shoufu at the Beijing Polytechnic University Computing Centre. In 2003, he was contacted by Tencent, who warned him about copyright issues regarding the software. They later reached a written guarantee, in which he promised to close the website which hosted his modified version of QQ's software download service, to delete all content connected with the modified software, and not to make any modifications to QQ's software in the future. On the surface, this brought an end to the feud with Tencent. However, the plugin, able to avoid copyright issues, was capable of exploring past information and continuing to study QQ's software.

Coral QQ had many interesting variant features compared to QQ: it could display a friend's IP address and location, as well as block Tencent's ads from appearing; it also contained MSN-style voice prompts for installation, and a wealth of customisation features.

Owing to these features, Coral QQ gained popularity with users. With each new update, it caught the attention of both new and old clients, providing Chen Shoufu with an online market.

Yet there was nothing Ma could do: because it did not modify any of QQ's existing programs, it was able to avoid related copyright issues. It drew a large number of downloads and, judging from the data of some websites, it was being downloaded even more than QQ.

Chen Shoufu had found each new QQ update daily dull and boring, but, guided by innovative, outside-the-box thinking, and GAIM and Luma QQ, he found a way to develop QQ 4.0.

With Coral being continuously renewed and developed, Ma felt he could not sit idly by. Around September 2006, Chen Shoufu was formally accused of copyright infringement and unfair competition. The court ruled against him. It drew attention, including from others borrowing from QQ's software. But it appeared that they were disappointed. Ma showed a tough stance against the problem, even refusing an out-of-court settlement, apparently in order to make an example.

The gloves were off for Ma; Coral had hit Tencent's interests. Third-party hosts of QQ had caused them to lose users and survived without QQ's advertising. For Ma, although QQ's client advertising was not the company's main project, it affected Tencent and the advertisers' interests. In addition, some copies of QQ were bundled with unauthorized software that hurt the company's reputation in the eyes of users who downloaded it. Coral QQ was the big fish they had to pursue.

Yet, even with the knowledge that revising QQ software was in violation of Tencent's intellectual property, why did so many third parties continue to do it? The answer was simple: for profit.

Coral profited through the software bundled with its version of QQ, and targeted some of the internet's most popular software. With China's countless internet users, all it took was a few hundred thousand people to download the software to make tens of thousands of yuan. A software as popular as Coral QQ was believed to have seen millions of downloads.

It was clear that the lawsuit against Chen Shoufu impacted other third-party developers. The only two well-known ones were Coral QQ and Floating Cloud QQ, and others were using Coral QQ's enhanced package to make changes of their own. If Coral QQ did not update, other software authors would turn to other versions.

Chen Shoufu was sentenced to three years in jail for copyright infringement, with ¥17 million being recovered and a ¥1.2 million fine being levied, the total reaching ¥2.37 million.

The popular generation of Coral QQ had come to an end.

Following the trial, Floating Cloud QQ also realized that they couldn't continue, and on 10 November 2007 their founders 'RunJin' and 'Crazy Gentleman' announced their withdrawal from the development of Floating Cloud. Of course, there were other third-party QQ authors continuing down their predecessors' road, but their odds of development were bleak. If Tencent's interests were affected, Ma had made it clear that he would be relentless in protecting his company.

In fact, Tencent was able to get back to basics. The third-party modifications often hid security risks, and the little penguin's powerlessness had attracted those willing to take advantage.

ANTITRUST AND GAMBLING CONTROVERSY

Having grown into such a large internet company, Tencent inevitably began to face issues familiar to any large business, such as having a monopoly and numerous imitators.

In May 2006, Tencent filed a lawsuit with the Beijing Municipal First Intermediate People's Court claiming that a significant decline in Tencent's mobile instant messaging users had occurred since July 2005 as a result of the Zhangzhong Company's PICA software.

Zhangzhong was founded in 2004 as a mobile multimedia communication services and information technology company. In early 2005, the company introduced PICE, a piece of software through which users could log onto QQ, and which greatly resembled it.

After investigating a decline in its number of registered users, Tencent discovered that Zhangzhong had been 'working from within' and took them to court for copyright violations of their software.

Ma, not wanting to draw media attention, did not make a public announcement. However, in May 2006, five months after bringing the action, Zhangzhong brought a counter-action, accusing Tencent of monopolisation and unfair competition, and thus attracting media coverage.

Zhangzhong stated in their allegations that Tencent's rates were deliberately set in order to hinder other communications companies, and that this was in clear breach of the *Telecommunications Ordinance*, which stated that it was illegal to "refuse to connect with other telecommunication operators", as well as unfair competition laws that stated "Operators should operate in good faith and comply with recognized principles of commercial practice".

In addition, Zhangzhong indicated that Tencent had employed various means to exert pressure on competitors, including Zhangzhong itself, thus thwarting their business.

What Zhangzhong sought was greater interconnectivity, such as that seen between companies like Yahoo Messenger and MSN. But Ma would not admit defeat.

In court, Tencent stated that if other companies wished to operate with Tencent, Tencent would need to first consider their own users and their reaction, and act fairly and impartially regarding the implementation of any cooperation plans.

The Beijing Municipal First Intermediate People's Court upheld Tencent's claim against Zhangzhong's PICA, awarding ¥2 million compensation. Although Tencent had won, and pledged to participate more openly and cooperatively in the market, the result could not really be said to be either a positive or negative step for the company.

The lawsuit ended in February 2007, when the company ran into yet another problem.

In July 2006, an anonymous article had appeared online: *An open letter to Shenzhen's municipal officials regarding Tencent's alleged gambling.*

Gambling? For Tencent, this was no trivial matter. Within a number of months, TV programmes were focusing on issues such as the suggestion that Tencent's QQ coins, a virtual currency that could be used to purchase goods and services, were a disguised form of online gambling.

QQ's games, such as 21 and five-card stud, required a certain amount of points, a virtual currency, which could be accumulated by winning games, or awarded in Q coin exchanges.

One coin of virtual currency had a value equivalent to one yuan of actual money, and thus led to people suggesting that, even if it could only be used online, given its equivalence to real world currency, how could gambling online be said to be different to real-life gambling?

One yuan could be used in games to purchase 10,000 online coins, while hundreds of yuan could make you a millionaire in the game, rendering it an online marketplace. Behind the hundreds and thousands and millions of game currency being traded in acts of virtual 'deal or no deal', currency amounts were also rising, conveying money into the pockets of Tencent.

After winning currency in games, players could exchange it for Q coins to buy online products or services from Tencent. These prices were higher than they would be in a real-world marketplace. For example, gamers could use virtual currency in order to buy a phone, and essentially, although they were spending actual money, it never felt as if they were directly doing so – this was the genius of Tencent.

In addition, Tencent received a percentage cut from every deal gamers made. For example, if two players were engaged in a game and one lost a million, another player would take this amount; but Tencent would extract 10% as a charge for playing, so that the winner only received 900,000 in virtual game currency.

The problem lay in the fact that there were no limits on Tencent's games or need to invest capital, and that the company was using 'disguised' renminbi to encourage players to gamble. The news hit websites, following the release of the anonymous letters: *Tencent's Gambling Problem*. CCTV also covered the story, along with the rest of the media.

After CCTV's intervention, Tencent shut down the gambling in an attempt to halt the black market, announcing that game currency could no longer be exchanged for Q coins. The barrage of reports on the issue had proved something of a blessing in disguise for Tencent, insofar as it helped them recognize and resolve the problem.

WAGE CUTS

Although Ma conducted his business with care and caution, some confrontation was unavoidable. One such example was when he faced a battle with Tencent's old rival, MSN.

One day in 2006, a post appeared online describing imminent

redundancies at Tencent; the website posting the article claimed to have received an email from Ma describing a change from quarterly to yearly bonuses for employees. In addition, it alleged that Tencent had fired 5% of their lowest-performing staff. The author of the post wrote that Tencent's development was slipping behind compared to previous years, and that their share options lacked value.

The post set off a firestorm on the internet. But what on earth had prompted it?

Tencent may have believed it to be retribution for poaching MSN's employees, including MSN's Xiong Minghua. Previous to the online allegations, Ma had developed the idea of a new pay system, as well as the idea of losing 5% of all underperforming employees. The pay system substituted quarterly awards with yearly bonuses, in order to avoid having employees take their quarterly award and then leave the company. The 5% firing system was intended to foster a competitive environment, which would encourage innovation within the company.

But the leaked email meant that, with Ma not having yet announced the new policy, and internal complaints from Tencent's employees, his plans were disrupted.

Ma understood clearly that, if the situation persisted, it would shake morale and encourage MSN's intervention. Yet the reforms were not particularly radical: one was aimed at retaining talent, and the other at encouraging Tencent to do more. It was not intended to be viewed as a strategy for increasing staff layoffs.

Ma issued a public statement, stressing that the policies were not intended as layoffs, but to develop the company and improve it, so that it might become competitive internationally.

Tencent was let off the hook, and tensions finally died down. Ma's calm attitude and swift reaction plus his quiet leadership, helped strengthen the company's further development.

ONLINE FRAUD

There is an old Chinese idiom which states: 'tall trees attract wind'. With Ma having turned the Tencent penguin into a giant, there was little doubt the wind would come.

With the increasing number of QQ users, Tencent's network had become a target for criminals and one of the biggest victims of cybercrime. Tencent's 2006 report highlighted users' online safety as a top priority.

In December 2005, Ma told *China News Weekly*: "Looking at the internet as a whole, there are good and bad aspects. We put in a great deal of effort, but as in offline society, there will always be cases of people taking advantage of human fallibilities and weaknesses, such as when winning someone's trust before cheating them. This is not a technical problem, but a communication problem, and one that reflects real-life society."

It was true that Tencent was simply a communication platform: Ma provided a tool for internet users and operators providing mail services. The content of messages was not directly regulated, and technical measures were thus limited to restrictions on areas such as bulk and junk mail.

Although it was difficult for Ma to monitor all content, Tencent spared no effort in educating users about how to protect themselves. QQ's interface contained a prominent dialogue box reminding users of various tricks and scams of which they should be wary. In addition, Ma had adopted a series of technical upgrades and optimization services, further enhancing QQ's security.

In March 2007, Ma participated in a conference on the internet and protection of intellectual property rights, where he stated that, "We are now exposed to cybercrimes that involve stalking user accounts in ways that both disrupt online networks and users' lives. The problem is difficult to control and has causes emanating from society, the legal system, technology, management and education. At present, the law often results in wrongful convictions or sentences that are too lenient, thus failing in its aims of due punishment and deterrence. At the same time, there is no established moral system online or educational guidance, and offenders like hackers and those who produce viruses are seen as technological geniuses – an unfortunate direction for society to travel in."

On 8 January 2007, to combat cyber theft, Ma joined NetEase, Kingsoft, Shanda, Nine Cities and four other wellknown network service providers aimed at targeting and reducing cyber theft. They issued a statement expressing their hope that cyber theft could be punished severely, to protect the security of users online. Ma expressed his wish– along with others who shared his concerns – that the problem could be managed.

Tencent's operation focused on network security, stability and quality, with security taking top priority. To this end, Ma worked with antivirus developers to build QQ Security Centre. They also collaborated with national security agencies to crack down on malicious websites. In order to ensure stable, reliable services, he also established a 24hour watch centre that could respond at the first sign of anything unusual.

In order to help guide users through newly established security requirements, Ma created a virtual online course. It used network case studies, combined with a variety of personalised online courses – as well as a touch of humour – to teach users about QQ-related security issues and how to confront them.

3Q WAR: DIFFERING OPINIONS

During the Spring Festival of 2010, Tencent upgraded QQ with QQ Doctor, a security protection software. It was a move that would prove difficult to forget for Qihu360's older employees.

In May 2010, QQ Doctor became QQ Computer Protection. The software was very similar to Qihu360's. During the Mid-Autumn Festival later in the year, Tencent rolled the software out to users in second and thirdtier cities.

The move was particularly worrying precisely because QQ had a history of creating programs that became universal, killing off similar competitors, such as QQ Farm and QQ Chinese. Would Qihu360 encounter a similar fate?

On 27 September, Qihu360 released software designed to monitor violations of user privacy, which resulted in claims that QQ had indeed breached users' privacy. Tencent denied the claim and asserted that Qihu360's software had been improperly promoted.

Unwilling to see their market share taken by QQ, Qihu360 decided to develop a new program at the end of September that year. The software was promoted as allowing users to filter QQ's advertising.

The result made a serious impact on the foundations of Tencent's business model. By 3 November, a representative for Tencent released a message to its users that became famous: either use 360's software to uninstall QQ, or let QQ delete 360's software.

The two companies had gone from silent confrontation to war: the '3Q War'.

Faced with the brutal alternatives, many users were forced to delete 360's software. In their view, for all the benefits of antivirus software, the ease and habituated use they had developed around QQ was far greater.

Within a day, 20% of users had uninstalled 360's software. At 200 million installations, this meant that, overnight, 40 million users had uninstalled it. But there was also a backlash, with netizens adopting slogans advocating loyalty to the software. In November, with the formal involvement of officials in the 3Q War, the two companies reached an agreement, with Qihu360 publicly apologizing and the two pieces of software being rendered compatible.

It must be acknowledged that, for Ma, the freedom he enjoys today was won at the hard-earned price of the many trials that Tencent went through in its earlier days. It is also crucial to recognize that for any enterprise, a period of growth and development will always result in a degree of confrontation with rival companies.

On 14 October 2000, Tencent sued Qihu360 for unfair competition. In April 2011, the court awarded a judgment ordering Qihu360 pay Tencent ¥400,000 in compensation. Then, in June, another suit against the company saw Tencent awarded ¥5 million in compensation. In October, Qihu360 sued Tencent for abusing its dominant market position, but lost and was forced to bear the costs of the lawsuit.

Insiders saw the process of the 3Q War as being far more important than its result. In this long war, Qihu360's battle for survival could be seen as a challenge to the internet giant. Had there been no confrontation, Ma would likely have continued his 'imitation and bundle with pre-existing services' mode of operation. This may have meant neglecting to focus on the larger user experience. Fortunately, through the vagaries of the 3Q War, the company became more aware of user demands and adjusted their business strategies accordingly.

CHAPTER 5

THE PENGUIN WAS BORN RICH

Monternet was a gift for Tencent, with Ma playing the roles of both explorer and beneficiary. He had the keen instincts of an entrepreneur and the gift of business opportunities. Along the road to building the penguin empire, of all the gifts that they had received, the greatest was Monternet.

Monternet, as previously mentioned, was a service provider. It offered services directly for mobile internet operators. Such business could be divided into two major classes: the first being a portal service provider, delivering ringtones, pictures, news and games to portal websites; the second class was a professional service provider, which offered more tailored services and had the advantage of being continually innovative and creative.

In addition, there was a special type of service provider, of which Tencent was an example. Unlike traditional SMS service providers, Tencent did not have ordinary pictures, ring tones, games and other services, but focused mainly on services specific to QQ and text messages relating to the QQ platform.

In April 2000, Tencent had over 5 million registered users, with more than 100,000 users simultaneously online in May; by June, this had risen to over 10 million registered users.

In August of that year, many sites disappeared from the internet, as the dotcom bubble burst. Just as the collective disaster – and ensuing consternation – was beginning to erupt, Ma and Guangdong Mobile signed cooperation agreements with China Mobile, which would allow QQ and Guangdong Mobile users to send and receive text messages anywhere, anytime.

In April 2001, when China Mobile decided to settle its bills with its service providers, Ma had accumulated six months of experience, and the Monternet business plan had saved him and his fledgling company. In competition with many other content providers, Ma was able, by virtue of Mobile QQ, to carve out a space.

Mobile QQ took full advantage of the services of mobile communication operators, in order to offer mobile users the opportunity to communicate directly with QQ users using SMS. It can be said that Mobile QQ was the first example in the history of 3G internet.

In 2001, through the active efforts of Ma, Tencent had established partnerships with telecommunications operators all over China. Ma said that their approach in the beginning had been to rely on wireless value-added services, including Mobile QQ, because Monternet had not yet appeared.

In fact, when China Mobile initially launched the Monternet service, it did not think this innovative mobile internet service could actually ultimately save online companies.

From the first day that Mobile QQ was launched, Ma worked continuously on improving the user experience. In November 2002, at a conference in Hangzhou, Ma said of Mobile QQ's future: "We have, with China Mobile, just released an SMS service that allows you to send images through your mobile, and we have many other services planned for the future. These will allow the mobile to act as if it were a computer and diversify its functions." In this, we can see that Tencent had become the backbone of China Mobile's Monternet, and its shares in Monternet accounted for 70% of the total.

In 2003, Ma felt that, from the point of view of wireless business development, Tencent's wireless business and value-added services had found suitable models. Through continuous exploration and improvement, they had created a wide variety of services, whether for entertainment, dating or games. Later, with the launch of the Dynamic Zone brand, Ma's wireless data services discovered a new direction.

Regardless of whether the cooperation with telecom operators was happy or not, Mobile QQ brought huge profits to Ma: over a long period it accounted for around half of all profit made. China

Mobile used QQ Mobile to add value to its own services. However, as China Mobile had begun progressing to become an expert in mobile messaging, they had developed Fetion, a service that, by 2006, was gradually maturing.

China Mobile hoped to move millions of QQ users to Fetion, but this was not good news for Ma: QQ accounted for 60% of the market share in the mobile instant messaging market, and he was unwilling to share their 7 million QQ users with others.

To the surprise of some in the industry, on 29 December 2006, China Mobile ended all its partnerships with service providers in wireless instant messaging. In Hong Kong, Ma announced that they would cooperate with Fetion, and QQ users would transition to the platform. Naturally, Tencent and China Mobile's agreement was to be extended for half a year.

By 2008, millions of users were on Fetion QQ. In order to maintain growth, China Mobile continued to cooperate with Tencent. However, with the development of Fetion, China Mobile inevitably found mobile revenues growing, and so Tencent changed plans to avoid conflict with China Mobile. It chose, instead, to try and expand its revenue.

Not long after, a software called WeChat was created. It would prove to be an unprecedented success in the telecommunications industry

THE SUDDEN EMERGENCE OF WECHAT

On 21 January 2011, Tencent launched WeChat, an app specifically designed as a one-stop free instant messaging service. It was unaffected by problems regarding internet traffic while connecting to online platforms, and also allowed users to form groups, search for nearby users, and offered other, additional services.

Once the app was launched it was immediately taken up by mobile users of all ages. On 29 March 2012, the number of users broke through the 100 million mark.

It had taken just 433 days.

Many app makers were worried by WeChat's success. Since the 3Q War, Ma had advocated openness as the lever for Tencent's development. Of course, this was not 'openness' in some general, literal sense, but rather an openness of attitude and thinking, such that all the various elements people associated with the internet could be combined together.

Ma believed that the internationalization of China's internet companies had not succeeded. "In the past," he said, "China's internet models were copied from the US, and were therefore unlikely to be taken up overseas. As the mobile internet wave swept the world, many were unready or limited by existing PC or other services, making it difficult to create mobile-specific products. Now that mobile internet and phone development is faster here, to some extent, than the West, Chinese companies have a massive opportunity."

WeChat had become a tool with which Ma could scope out the prospects of internationalization. Ma believed that WeChat's small innovations were faster than those in Europe and America, such as their use of open platforms and friendship circles. These were all original to Tencent, and far ahead of what they had previously achieved.

The rapid rise of apps posed a huge challenge to traditional services, leading to WeChat's 'fee charging incidents'.

From the end of February 2013, rumours started among telecom operators that WeChat would charge fees. On 31 March, Telecommunications Minister Miao Wei, in the second 'Forum in Lingnan', mentioned that they would support telecom operators. However, after the announcement was made, it was immediately opposed by the majority of users, who saw it as double charging, since they already paid for internet and traffic fees. On 23 April 2013, a spokesperson again stated that charges for new services, such as the internet, would be decided by the market, and not the government.

After that, the furore over WeChat charging fees temporarily died down.

Although falling income had compelled Ma to introduce the idea of charging for WeChat, it was met with opposition from users. Ma understood that WeChat's relationship with telecom operators was sensitive; however, he knew that what WeChat offered was a fundamentally different service, and that, as a result, its future development would lean towards cooperation rather than conflict.

A PRINTING FACTORY FOR ONLINE CURRENCY

From a small penguin to a veritable local kingpin, Tencent had not only gained the ability to turn a profit, but had added a new function: selling Q coins.

Q coins were worth ¥1 each, and were used to pay for services such as QQ numbers and QQ membership.

Some believed that Q coins could impact China's financial order, on the basis that, whereas the yuan was a limited statutory currency, Q coins were virtual and unlimited, so they might be capable of replacing the yuan as an online trading currency. It was also noted that large bets were made on QQ games, and because the virtual currency was freely convertible, QQ coins, to some extent, carried an element of black market currency about them.

In reality, Q coins were merely intended for purchasing Tencent's value-added services, and could not cross over into the wider financial system. Tencent's policy was that Q coins were a one-way exchange: once a user had purchased Q currency, it could not be converted back into yuan.

The popularity of Q coins was also inextricably linked to the lack of alternative online payment methods in the internet's early days. At that time, gamers purchas ing equipment in a game could only use a bank transfer, which was potentially troublesome, because purchasing equipment in a game usually required time for negotiations. Thus, the Q coin gradually replaced the traditional financial means of exchange. Q coins could also be gained as bonuses in online forums, exchanged for goods, or used to pay for advertising.

With regard to the worries of experts about the potential of Q coins replacing the yuan as an online currency, some users found their fears somewhat alarmist, given that Q coins were not freely convertible. Generally, other than in cases where an exchange took place face to face in the same city, transactions across different cities required mutual trust in the security of the website being used.

If Q coins were so favoured by users, how many of them did Tencent distribute? It is impossible to calculate a figure, since no record was ever kept.

According to financial definitions, currency represents a special fixed means of exchange. Only the yuan met this definition, so how did Q coins become a virtual currency circulated online?

Some experts felt that Q coins could not be considered a virtual currency, but a symbol recognized online by netizens, because the yuan did not follow the value of the Q coin in the market; it had no connection to the national financial system.

Nevertheless, some people believed that the Q coin was already a type of embryonic currency; so long as Tencent had potential, the possibility of a Q coin currency was not impossible.

Today, there are many virtual currencies. Due to a gap in the law, there are few regulatory measures that can be taken against them, and their circulation remains undocumented. Some have boldly predicted that the phenomenon is likely to lead to inflation and infringe upon users' interests, causing them to lose confidence in internet transactions.

Owing to fears surrounding this idea, some lawyers felt the Central Bank ought to strictly regulate the issuing of qualification necessary to trade in virtual currency.

Ma also adjusted the company's policy on Q coins, preventing them from being exchanged into gaming currency; instead, gaming currency could only be used to buy items within games. Online trafficking in Q coins usually involved stolen accounts, something Ma was determined to resist. Tencent was also enhancing its technology to combat disturbing online virtual trading.

THE JOY OF VALUE-ADDED SERVICES

Along with the discussion of Q coins among commentators, Tencent was also seeing an increase in virtual goods, a symbol of netizens' frenzied quest for virtual services in the online age. Ma seized the opportunity.

QQ's largest virtual service was QQ Show. One day in 2002, a company product manager named Xu Liang accidentally happened across a game within Korea on line. The game was called Avatar. The game allowed users to design virtual personalities with hair, clothing, facial expressions, and many other features, and to pay for the customization. Xu Liang realized that the use of virtual avatars on QQ could represent a new and profitable channel for the company.

The term 'avatar' originates in India from the Sanskrit. It refers to the manifestation of a deity or released soul in bodily form. Online, its meaning had become synonymous with the use of virtual images and characters to represent people.

Ma saw a great deal of potential in Xu Liang's idea. A service such as QQ Show could help users to engage on a more personal level with QQ, and also created a way for users to give themselves a more 'human' face and personality online.

Although Ma had confidence in the idea, he was not someone who would blindly follow trends or unwarranted innovation, and wished to learn best practice before attempting to go beyond it. In order to allow Tencent to continue developing, Ma believed in exploring various options multiple times, and finally discovered that Korea and China had a greater cultural similarity than China did with Europe and America, thus making it a more stable longterm frame of reference.

In January 2003, QQ Show was officially launched. Just as in the fashion industry, where the brand a person wore could represent a kind of personal style, he wanted QQ Show to represent a user's personal taste.

Shortly after QQ Show began, Ma had international companies such as Nike offer images of their latest products and clothing online for users to download. The service was free: Tencent's user base was so large it did not have to spend a cent on the service. Eventually, Ma asked the big companies for advertising, and they wasted no time in supplying it. QQ Show was reaping huge benefits.

Ma also used QQ Show to partner with the entertainment industry. In 2005, Tencent promoted Chen Kaige's film *The Promise* on QQ Show. As more and more people engaged in life online, it became increasingly important to meet the recreational needs of users, of which film and television was one of the most important aspects.

With QQ Show as the original example, Ma felt he had found an offline value-added business model, which he described as "online value-added services". He proceeded to launch other services in this vein, such as Qzone and QQ Pet.

The appearance of QQ Space marked the birth of China's first large profitable blogging service. Although it was a free service, many users were willing to pay extra in order to customise their templates, thereby providing profit for QQ.

Comparedwith QQShow, QQSpace's ability tomakemoney was greater. The former could only sell clothes and backgrounds, while QQ

Space could sell anything and everything.

Thanks to Ma, Tencent had developed a wide range of value-added services and new businesses, such as online games. Ma believed these could be used to help retain users and that online games would help the company's brand to become more attractive.

QQ IN THE PRESENT: A LIFE WITHOUT QQ?

Since its launch, QQ had become an indispensable part of people's lives. With the development of technology, it had become a virtual address book for many users, as well as a hub for connecting people.

In order to meet public demand, Ma had continually updated the software, allowing it to become stronger and stronger. More features were introduced, in order to meet people's desire for new services.

According to surveys, QQ was, after telephone and mobile services, the third largest communication tool in China, and its frequency of use outpaced even those. Whether people were willing to admit it or not, QQ had become an indispensible part of people's lives.

WECHAT WILL CHANGE YOUR LIFE

With the ongoing universalization of the WeChat platform, more and more businesses were becoming aware of its opportunities and the effect it was having on people's lives, from booking taxis to finding jobs and shopping. WeChat payments were also more convenient for those away from their PC: its scanning technology allowed for ease of shopping and job applications.

However, online shopping had also brought an increase in fake goods, rising prices and post-sale issues, as well as items being damaged during postal transit, a problem for both sellers and buyers. Thus, physical purchases continued to remain a part of people's buying habits.

With the growing popularity of scanning technology, many consumers adopted new buying patterns, picking up their phone to scan products for relevant information, even finding out whether the product had a fake counterpart or not. It changed the experience of shopping at local businesses.

Although there were still problems of confidentiality and authenticity of information, it was believed that improvement would lead to more systematic and scientific security systems and means of network authentication.

WeChat had many advantages over QQ: the fact that photos and video could be transmitted almost instantaneously to one's circle of friends, rather than requiring a PC as intermediary, was one such example. Moreover, the real-time Twitter-like friend feed gave people a sense of real-life activity, and of being part of a living and vibrant community.

Certainly WeChat had flaws as well, particularly in the way it could create a 'capsule effect' or echo chamber for the user, in which a person's feed might revolve solely around a limited number of issues or lifestyles, even to the point where multiple people would post and repeat the same news, restricting people's ability to think more widely or broadly.

As WeChat's popularity broadened, so did people's dependence on their mobiles: the sight of friends meeting, only to end up sitting together while staring at their phones, became a common occurrence. In this trend, some people saw the end of 'real' human interaction, in favour of strangers, who were made to seem closer than they really were. But others believed it was just a sign of changing times, and not a cause for thinking that social collapse was inevitable.

A topic of endless discussion and controversy, the only thing people could be sure of was that, whether you used the app or not, WeChat was always close by.

THE STORY OF THE LITTLE PENGUIN'S MOTHER AND FATHER

For all his technical talent, Ma was, at heart, a senior geek who learned from the internet as a user, regularly spending at least three hours a day online and, at his most obsessed, more than ten hours a day. Later, as the business of Tencent took up more of his time, he was only able to spend about an hour online.

Being very focused and professionally driven, Ma had little time for love and dating. It had possibly never occurred to him that his little penguin could function as a matchmaker.

One day in May 2004, Tencent's Hong Kong employees went to Shenzhen on exchange, as they did not use QQ and he wanted other employees to teach them how it functioned. For added convenience, he opened the limit on the number of friends a person could add, so that people could freely add him.

One of those who added him was a girl he had never met.

The girl had casually asked him, "Hey! Who are you?" He nonchalantly replied, "The father of the penguin." She took up the joke and said, "Then I am the penguin's mother." She introduced herself as Wang Danting, a young lecturer at Harbin Normal University.

Three months later, Ma went to Beijing on business. Coincidentally, Wang was also travelling to Beijing to attend a concert. When they crossed paths and she saw his business card, she realized he truly was the "father of the penguin". Her impression of him was that he possessed real honesty, as well as being gentle and well mannered.

Ma and Wang spent their honeymoon in Shenzhen. Though the landscape was charming, the man-made lake contained a lot of mosquitoes that often bit Wang. Ma hired workers to fill in the lake, turning it into a large garden. Later, Wang planted a host of fruit trees in the garden, such as peaches and grapes.

After marrying, Ma underwent some major changes. Previously he had worked until midnight every day, searching for problems that he would then try to fix with other staff. Now, he came home from work around 9pm. Nonetheless, he remained a workaholic – employees would inevitably find suggestions in their inbox each morning, which had been sent around 11pm or so the previous night.

Another change was in Ma's physical appearance: under Wang's guidance he had begun to pay more attention to his manner and dress, his public appearances becoming more confident, stylish and relaxed. Wang was his rock, the source of his happiness. Marrying her had brought new vigour to his life. Wang was smart, kind and considerate. And she loved Ma, a love that lifted them up, even as they depended upon it to continually fill their lives with happiness.

6 CHAPTER

THE DECISIVE BATTLE BEGAN AT THE TOP OF THE MOUNTAIN OF INSTANT TELECOMMUNICATION

BROTHER MA'S MERCY AIDS A TIGER

While Ma's little penguins were becoming the new stars of China's internet world, an instant messaging service from abroad had entered the battle: MSN.

MSN was created by Microsoft. It appeared on 24 August 1995, with the release of Windows 95. It was available as a free download from Hotmail and included chat, video and incoming mail functions, among others.

Compared to Ma's QQ, the advantage of MSN was that it was perfectly combined with Windows, so users did not have to worry about hard disc space when installing MSN (during the 1990s, having extra hard disk capacity was a major advantage). Since 90% of China's PC users employed Microsoft, MSN was warmly welcomed.

In fact, Microsoft's decision to combine MSN with its operating system was seen by people in Europe and the US as constituting a monopoly. The case found its way into the courts, where it was depicted as a blatant contravention of user rights. Though this deterred Microsoft somewhat, Ma himself had no such awareness of antitrust law – if he had, he might have taken legal action against Microsoft directly.

In October 2001, Microsoft went further, launching a mainland version of MSN, bundled with a Chinese version of the link to MSN's portal: china.msn.com. Clearly, Microsoft was attempting to make inroads into the large Chinese market.

The Chinese version of the MSN website was hosted in the US. Microsoft's MSN division General Manager for Asia explained: "China places more stringent restrictions on foreign internet content providers, so we hoped, in this way, to avoid running into regulatory trouble."

Microsoft moved without warning, and Ma and other instant messaging software companies did not know what to do. Although there had been media rumours of MSN China's ambitions, these had all been denied by Microsoft. It seemed they had planned to reach deep into the market and had no intention of easily giving away their plans, thus protecting themselves from competition.

Ma showed no panic, saying simply that, "Pressure is a good thing – we won't fight recklessly."

On 24 October 2002, with Bill Gates having participated in the official ceremony for MSN 8.0's release in Canada and the US, held at Central Park in New York, the General Manager of MSN Asia came to Beijing to meet with the media, completing the initial Chinese promotions of MSN. The visit saw many speculate that Microsoft would accelerate the speed of its entry into the Chinese market. Once again, this speculation was denied by Microsoft.

Although Microsoft attempted to be circumspect about their plans for MSN, one fact remained hard to deny, and that was that MSN had become the preferred software of China's businesspeople and intellectuals. Along with this positive reception, Microsoft was continually improving MSN, releasing MSN Messenger 7.0 on 7 April 2005.

MSN's spears were directly aimed at Ma's little penguin. Compared with QQ, MSN Messenger 7.0 had many bright spots, which Microsoft had repeatedly emphasized. MSN allowed the users to show both their real name and a personal message, where they could express themselves more uniquely and individually.

What made Ma feel even more helpless was when MSN Messenger released a service similar to QQ Space: MSN Spaces, where MSN users could network through blogs, photos, music, and other fashionable modes of self-expression.

In addition to these new features, MSN's Hotmail service was also given greater stability and allowed for instant messaging across different platforms, making it almost indistinguishable from QQ.

Ma could see the situation and the folly of their inattention. He had not thought MSN would pose a threat to Tencent. But as he had been competing in the instant messaging market with Ding Lei and Chen Tianqiao, MSN China had gradually developed from a seed into a mighty tree. By the time Ma awoke, he found himself standing in its shade.

Before Microsoft announced that MSN would enter the Chinese market, he had been considering finding a partner. Online auction site eBay had just entered the market. Through an injection of funds they had established themselves in China. Microsoft, on the other hand, were simply looking for a partner to collaborate with in the Chinese market. After some investigation they settled on Shanghai Alliance Investments. The plan was to establish a joint venture that would allow MSN to enter China.

MSN was well prepared, even staving off competitors like QQ. But it could also be said that MSN's actions were based on long-term observation of QQ, and the developing scenario put the two companies on a road to facing off in the instant messaging market.

MICROSOFT'S CRUSADE

On 11 May 2005, Microsoft's internet division announced that they had set up a joint venture with Shanghai United Investments to launch MSN in China.

Ma always expected that MSN would be greeted with fanfare and that Tencent would, one day, have to compete with them, based on his observations and analyses. But the formal announcement brought a renewed pressure. Although QQ's localization gave it a certain advantage, Microsoft commanded status and power, and it was difficult to see who would outpace the other.

On 2 June 2005, staggering news broke out on the internet: nine different companies would partner with MSN. The nine partners, among China's most profitable websites, offered the most popular services and had the best outlook for development.

The press releases indicated that MSN's entry to China was one more move in a larger game. Although Ma was worried, he remained calm, because he was engaged in competition with MSN and had learned something from observing their previous behaviour and business moves. Previously, Ma had targeted users aged 20 years and under, but with MSN's arrival, he realized he would need to target high-end white-collar users in order to expand the company's user base and prevent MSN from gaining an upper hand over them.

In a televized interview, Ma said: "In the communications market, our biggest rival is MSN, but competition at present is extremely fierce, with over 40 large and small operations battling. The bars to market entry are not high, but the business is hard to learn. A company's user base is vital to value: the bigger the base, the greater the value. Thus, those who move early have a certain advantage."

Ma admitted that he had felt the pressure to survive in the face of MSN. Where could QQ assert an advantage? QQ's user base was heavily reliant on younger users. By contrast, MSN had a different position. Its messaging service was focused mainly on communications between people who knew one another, while QQ was more geared towards communicating with strangers or new acquaintances.

Before MSN's challenge, Ma had made some progress with QQ's related products. A piece of software called BQQ was created for enterprise users. After some experiments, Ma deduced that the core competitiveness of instant communication software lay in the operation of the user's zone and the community. The winner was not necessarily the company who had the most users. With enterprise users increasing, BQQ could carry over users of other instant messaging (IM) software. From this perspective, the competition with MSN was not necessarily a bad thing. So long as Tencent adopted the right strategy, it could still win over the users of MSN.

Ma reached this conclusion after an embarrassing discovery he made looking at QQ's user base. Before online gaming was popular, QQ's popularity had seen the rise of a great number of net cafes. It was a source of angst for QQ's competition, since many potential users were only aware of QQ. However, because most of those who went to net cafes were young people rather than businesspeople, QQ imperceptibly became a kind of grassroots IM software. So much so that, in some large companies, QQ was blocked and employees were not allowed to access it.

Thus, QQ appeared to stand for a divide between white-collar workers and students. This allowed MSN to enter the Chinese market and offer elegant business-targeted services. It had a viral appeal: once a business took up MSN, employees would become reliant on it.

Yet the two audiences were not entirely divided: students who grew into white-collar workers would continue to use MSN as well as QQ. Of course, using QQ was a habit, while MSN was a need. Nonetheless, MSN had certain advantages over QQ.

MSN's interface was very simple and had the huge advantage of being free of advertising; this alone was enough to shift some QQ users. In Ma's view, Tencent could not achieve MSN's advantages in the short term, as they were reliant on advertising. QQ's entertainment focus also prevented it from having the elegance of MSN and this worried Ma. Moreover, MSN had Microsoft's support, which allowed them a certain margin of error – something Tencent could not afford.

QQ therefore had to maintain its local and youthfocused qualities, for fear of losing out to Microsoft if it attempted to encroach on foreign territory. Better to wage war on a new battleground than to attempt to compete with someone more established.

With this in mind, Ma launched a brilliant counterattack. In 2004, Ma unveiled Tencent Messenger. It was entirely designed to combat MSN. If QQ was aimed at individual users, Tencent Messenger was for business users, and adapted to the business environment every bit as fluidly as MSN.

Like QQ, Tencent Messenger was free. Users could use their phone or QQ number to register. Those who registered by phone could bind their account to that number, thus helping to ensure registered user accounts were authentic. In addition, Tencent Messenger was free of advertising and had a cleaner, less cluttered interface compared to QQ. It also included functions such as Smart Secretary, a 'yellow pages', and virtual business cards.

On 11 March 2005, Tencent acquired Foxmail and its entire team, including Zhang Xiaolong, the founder of Foxmail. Zhang had graduated in 1994 from Huazhong University with a master's degree and had long been engaged in software development and management. After joining Tencent, he immediately proved himself a strong and capable part of the team, not least in the role he played in helping to develop WeChat.

Foxmail itself was widely known because it was the only email service that could compete with Microsoft and Outlook. So why did Ma buy out Foxmail? In his words, "We liked Foxmail's technology and users." Observers believed the acquisition was intended to help discussions with Microsoft about acquiring Hotmail.

Now that the battle was heating up, Tencent and Microsoft were watching each other carefully and moving to rectify any weaknesses in their business. Tencent released Tencent Messenger 2006, which supported logins through separate email accounts, helping make the platform more open and accessible. This adjustment brought Tencent and MSN into increasingly fierce competition, as it was a clear move on Ma's part to attract users who might originally have opted to use MSN.

Although Ma had adjusted his product orientation and business strategy to claw back his position, it could be said that the new stratagem contained disadvantages as well as strengths. It was heartening and positive to observe that Tencent Messenger's user base was expanding; however, from a more negative perspective, the number of new users registering with QQ was declining. Overall, though, the strategy made sense, as Ma had recognized that MSN lacked a service that attracted the registration of new users and that Tencent Messenger did not involve the sort of advertising that was liable to irritate businesspeople. Indeed, if Tencent did not take substantial action, QQ was liable to end up becoming the plaything of young users and miss out on the professional class entirely.

In the second half of 2005, competition continued to intensify. Tencent had successfully listed in Hong Kong. MSN's Chinese web portal was developing well, but compared with local sites, it lacked the features necessary to attract more users. This factor allowed Tencent to overtake Microsoft.

However, even if Microsoft had lost momentum, they still had many powerful 'little brothers'. In response to Microsoft's wide alliance in China, Ma carried out a new idea: adjusting the layout of Tencent's web portal, and finding strategic alliances of his own.

Ma set his sights on a company called IT World Network, and contacted them in hope of organizing a partnership. They announced their strategic cooperation at a press conference in Beijing on 15 August 2005. The cooperation would cover news reviews, sales guides and markets.

Of course, this was merely a prelude to their competing with MSN, with Ma planning a new attack on a new field: one that would not leave MSN time to develop their own counterattack and would put them on the defensive.

NO INTEREST IN INTERCONNECTION

Having both worked on their strategic development, the next step for both Tencent and Microsoft was how to make a decisive strike at the other. Of course, before any largescale attack, it was necessary to take some preparatory steps.

Microsoft moved first.

On 12 October 2005, Microsoft and Yahoo announced that there would be interconnection between MSN Messenger and Yahoo Messenger users between April 2006 and June of the same year. According to the cooperation agreement between the two companies, there would be complete interoperability between each in the second quarter of 2006, allowing a total of about 275 million users full intercommunication.

The pressure on Ma was self-evident: if China's dozens of IM companies achieved interoperability, then Tencent, left outside that circle, would be viewed by China's millions of internet users as the only barrier to achieving the dream of complete interoperability.

Indeed, Microsoft and Yahoo's cooperation was larger than he had imagined: on 13 July 2006, they published a statement saying that they would spend several months piloting the scheme and exploring the variables of interoperability. The comprehensive tests would include video, voice and wireless communications covering 350 million users across the globe.

But Microsoft and Yahoo between them did not immediately shake the dominance of Tencent in the domestic market, because Yahoo's Chinese market share was not especially high, and therefore the combined number of users on either side was not a major threat to the little penguin. Of course, this did not mean Ma could become complacent: if the rival companies took a bigger slice of the cake, then QQ's entertainment features could be overtaken by MSN. After all, among business users, the potential of IM was large.

However, from another perspective, Ma had his reasons for refusing to unite in the dream of interoperability. After all, Tencent had spent years developing its user base, and if they partnered with another IM company, they would have to share the reputation they had worked so hard to build – a fact difficult for Tencent's hardworking staff to accept. It could also damage their businesses, from online games to auctions. "We support any reasonable prospect of interconnection", Ma said, "QQ cannot unconditionally open itself and simply allow anyone to ride off the back of QQ."

On 27 October 2005, Tencent's seventh anniversary, Ma relinquished his usual low-key style to announce Tencent's latest product – the official release of QQ's 2005 edition. This was the first press conference organized specifically around the launch of new IM software since the company was founded. Ma said that, "at present, the IM industry in China has entered an era of standards."

Generally speaking, the idea of a "standard" can be interpreted in two ways: as referring to an authoritative structure or person, or to something simply being standard or customary, thereby setting an expectation. What Ma was referring to was this second meaning: he hoped for QQ to become the standard of instant messaging in the marketplace.

Ma believed that China's IM technology was a world leader, and would continue to be so as IM became more fully integrated into people's social lives. Ma quoted experts in suggesting that, "The past few years of industry development have not been standardized, but under Tencent, we will see standardization, as well as both technical and product innovation."

In a word, it was a question of who could change the standards of IM software and thus win the future of the market. Ma saw Microsoft and Yahoo's collaboration as representing a kind of test, rather than the beginning of a new standard; he summarized this point by suggesting that, "standards depend on products, products that are recognized by users and that have the ability to create industry trends. From this point of view, Tencent believes in patience and quiet dedication." This concept, that "standards depend on products", also revealed that Ma was further drifting from the idea of interconnection.

BECOME SKILLED IN STEALING FROM OTHERS

On 31 December 2005, Ma replaced Tencent's logo with an image of the Tencent QQ penguin bordered by green, yellow and red lines. With the arrival of the New Year, Ma wanted users to move past the 'Tencent = QQ' concept, and to separate their online portal and instant messaging software. The portal website was intended to show that Tencent was not simply a piece of IM software, but a combined market for e-commerce, email and a search engine service.

Ma's idea was to build a complete internet empire and create an 'online life', in which Tencent could serve as a onestop service, catering to every user's need. To this end, Ma said: "The online portal and instant messaging depend on each other, and can overturn traditional online portals." This clearly encapsulated Ma's ideas about what an online life would look like.

Judging by the development of the industry, the future of the internet seemed likely to move in two directions: one constituted an integration of a variety of services; the other, a professional, highly specific concentration of some particular service. After some analysis, Ma decided to have Tencent walk firmly towards the first model. In Ma's words, "The user will be able, at any time, in any place, at any terminal, and through every method of access, be able to meet their needs. Whatever they need, Tencent will provide, and everything they need will be close at hand."

Ma was building a complete network upon the internet's global highway, just as MSN had suddenly built their wall, obstructing Ma's path. Since he could not circumvent this barrier, he tried everything to tear it down, so that he could continue his plans.

On 22 December 2005, Sina Science and Technology News issued an explosive report: "Tencent had MSN's Xiong Minghua serve as senior Project Manager and coCTO". This news immediately aroused concerns within the industry, though some believed it was all hype on the part of Tencent and did not take it to heart.

Regardless of any hype, the news revealed one crucial piece of information: the faith Ma had in his battle against MSN. Xiong Minghua joined Microsoft in 1986 and had served as a program manager. He had participated in a number of research and development projects, including Windows2000, WindowsME, and MSN, as well as gaining experience in large companies, such as IBM and KTInternational. While working in the US, Xiong had kept close contact with China's software sector, often using speeches and other opportunities to pass the world's most advanced software information onto Chinese colleagues.

From the perspective of Tencent's development prospects in China, choosing Xiong was a wise decision. They required an increasingly powerful research and development team capable of scientifically and rationally managing the development process. To this end, Ma sought out talented people. It was said that Microsoft project manager oversaw 20% of projects, showing the importance of this role. He believed Xiong's experience as a project manager could help Tencent to achieve an enhanced level of project management.

GOODBYE TO MSN

On 24 August 2014, Chinese MSN users received a letter from Microsoft's official Skype email: "The Messenger service will be closed down from 31 October in China. Don't worry, though, as your contacts will not be lost. All online communication services within the system will be moved onto Skype."

In just a few words, Microsoft's MSN was formally withdrawing from China. It had been nine years since their arrival in April 2005, and they had not managed to put an end to QQ.

When MSN had entered China, hundreds of millions of users had embraced the programs and the company had kept pace with QQ. But after an unpredictable decade of web development, Microsoft had always pursued a policy predicated on their status as a large company and had not placed enough focus on localizing MSN, thus forcing them to yield when China's smaller web companies began to push through.

All told, there were three reasons why MSN was doomed to fail. For one thing, they did not focus enough on the emerging user community: in Microsoft's view, MSN was designed to marginalize non-mainstream products, but this made it hard for their design team to obtain quality resources. Their degree of care was also lacking, leading to a waste of potential online development during the 'golden decade.' Due to a lack of localization, MSN's Chinese version was a translation of the English version and thus its many software applications were unable to meet the social needs of Chinese internet users in their online communication. Especially once the initial generation of MSN users grew older, the new '80, '85 and post-90s generation did not pay attention to MSN. Lacking attention and promotion, it was only a matter of time before MSN's reduced presence led to it being defeated entirely.

The second reason for their failure was the fact that there were a number of missteps in MSN's business model. After entering China, MSN had tried to open channels and promote themselves online, but the results left both advertisers and users feeling unsatisfied. In contrast, QQ's hierarchy and strategies, with platforms like QCoins and QQSpace, catered to the needs of younger users, thus allowing their base to expand.

Thirdly, the functionality of MSN's products was lacking. Although MSN shared more or less the same capabilities as QQ, it had been largely unreactive and blind towards trends on social networks and mobile internet. Users found its single chat function increasingly tedious and its active users began to decline. Advertisers dropped away accordingly and precipitated a loss of revenue. Eventually, the cycle proved unsustainable. In addition, just as IM software was being replaced by video chat, Microsoft remained static and unchanging, not paying attention to these new developments.

Worse still, from the point of view of bundling software, MSN exceeded QQ. After 2006, MSN bundled its browser, email and blogging tools into a package called Windows Live, which meant users were unwittingly installing all sorts of programs they did not want. The backlash, combined with regular web connection failures, caused MSN to fall in stature. The 2007 worm virus and other incidents further turned the program into an object of derision.

What was the effect of MSN's failure on people? The first was a lesson: innovation is king.

In an era of constant innovation, not only did products need to be constantly retooled to meet users' needs, but thinking itself needed to be 'short, frequent and fast' if it was to result in products with a competitive edge. By contrast, the alternative to MSN, Skype, had for some time occupied a number-one position in the global market, its path to success resting on how it allowed the computer to replace landline and mobile calls without bundling in unnecessary products or advertising that would turn users away.

The second lesson? One needs a clear business strategy. When it came to IM software, market share was a key factor in determining victory or defeat – it was the basic lifeline, regardless of business model. MSN's market share in China had never been able to exceed that of QQ, in part because Microsoft consistently disregarded the fact that there was no free version of its product.

Although MSN had targeted the business crowd, within nearly ten years it had been replaced by Tencent. Especially after entering the era of mobile internet, IM software and wireless client integration had effectively shrunk the space in which MSN worked, making the company that had once vowed to defeat QQ entirely obsolete.

7
CHAPTER

THE ENCLOSURE MOVEMENT

IF ONE IS NOT GIVEN HIGH VALUE, IT IS BECAUSE NONE YET EXISTS

In the emerging era of the internet, portal sites were always favoured by entrepreneurs, because, at that time, they were attractive to users. After a time of competing claims and staking of territory, Sina, Sohu and NetEase emerged as the three major web portals.

Most companies could not compete with these giants. But for Ma, having a portal was an essential step – he wanted to take part of the share claimed by the three titans in this area.

To some degree, it could be said that portals provide the sole means of acquiring diverse profits in the internet market. They can combine gaming, news, and advertising, all of which can then form a generous source of income for the website. With so many users, Ma could not pass up the opportunity. Surely to do otherwise would mean wasting the potential of all the users at hand? Thus, as part of QQ's ten year plan, he set out a goal of creating room for portals that would provide for casual and large-scale networking, e-commerce, and other value-added services.

As Ma conceived it, the portal would give Tencent a cross-connected business outlet to maximize QQ's cohesion. It would create a much larger platform with which to integrate resources and allow QQ to expand their services.

On 23 November 2003, Ma officially launched Tencent as an entertainment website combining news, fashion, entertainment, games, sports and chat, in addition to other areas. On 21 November, Tencent announced that its website had been involved in the rapidly growing gateway website market, a market which had been monopolized by Nasdaq-listed companies.

In fact, there were small differences between the portal Ma had created and traditional portals. Due to the fact that Ma's was entertainment-based, it could not avoid being interactive, unlike traditional search engines, which were more passive.

In an age of extensive portals, the internet knew only one harsh reality: there was no second place; the only available space was for a winner. There could be no harmonious 'blooming of a hundred flowers'. If one company pushed forward, another would have to exit. Industry experts pointed out that Tencent's road would inevitably be long and tortuous. Sina, Sohu and NetEase enjoyed the advantage of incumbency. They could frustrate newcomers. A newcomer, if they did not find some new method, would struggle in taking their established resources.

In fact, according to commentators, Ma was already aware of this, but had to persevere in his venture, lest the portal became a laughing stock. To this end, Ma stated confidently: "With our huge user base, Tencent is confident that QQ.com will reach the top three in three years."

Although many cast doubt on Ma's comment, it was not hard to recall, looking at the development of China's internet, that change was not the result of purely technical factors, but also material limits. Ma's desires were not underpinned by empty words, but by strategies that would evolve with the passage of time and became increasingly dangerous to the top three players.

DESKTOP PORTAL WIZARD

How far could Tencent go? Ma had built the network into an entertainment portal foryounger people, and was determined to make it China's first fashion and entertainment portal. Meanwhile, he also pursued the development of wireless services to promote the films on the site, as well as news broadcasts, music-on-demand and e-commerce applications. Tencent's advantage lay in the support of its large user base, and its ability to style itself as the website for young people.

Throughout the years, Ma had pursued a business strategy of 'study + differentiation'. He would imitate peers or predecessors, but after each simulation, he would create something distinct and different. This was how QQ and its various offshoots were born. In this way, even if he was not at the forefront of innovation, he was always at the vanguard in terms of achievement, something his peers had to admire. In order to increase the site's popularity, Ma launched a series of campaigns, such as a 2003 'Become a Star!' event with Motorola, which brought in a huge surge of new users.

With promotional activities in full swing, Ma introduced a new product: Tencent's mini home page. The mini home page allowed users to filter news into a digest of topics that interested them. Every time a user logged into QQ, the mini home page would appear. Ma also designed news popups to broadcast breaking news and a 'global connections' service, which assigned numbers to major events and topics. Users could then use these to follow the latest developments. The innovation created a 'blue ocean market' of new users outside the big three competitors.

With Tencent's star rising, the big three portals responded with their own software. But it was in vain – QQ now had nearly 600 million registered users.

From the end of 2003, in just three months, Tencent entered the top ten of portal rankings. By March 2006, it was second only to Sina – and third after Sina and Sohu in website hits. In April 2006, it was ranked above Sina and Sohu. By June of the same year, it was second only to Baidu, the Chinese equivalent of Google. It enjoyed daily traffic of 400 million users.

Despite its status, Ma knew he still needed time to accumulate the strength necessary to overwhelm the big three. They occupied a special place in the hearts of most netizens. Many people, when they first ventured onto the internet, had used these websites, and effort alone could not necessarily overcome the strength of that initial exposure and acculturation.

The 2005 China Fashion Ceremony, held in Shanghai, saw Tencent replacing Sina and TOM as the sole partner. Their portal was ranked eighth in the world, giving Ma confidence that he could lead them into a new stage of development: creating a desktop portal.

This portal was actually the biggest difference between Tencent and the other three big sites. It allowed them to instantly transmit updates to a user's computer desktop, unlike the other portals.

Tencent's mode of transmission focused on being interactive, community-based, aggregated and personalized. Tencent was leading a revolution, whose face could be seen in three aspects:

Firstly, it provided a new model for community users and an overall business layout.

The mini home page, for example, was a bold breakthrough in communication, combining instant messaging and advertising. With the portal's success, other companies, such as Microsoft's internet Explorer and MSN, scrambled to claim their own space, but they did not have the advantage of Tencent's early moves.

The second strength came in Tencent's employment of grassroots entertainment. Tencent's news perspectives came from exploring and investigating the levels they reported on, which were often issues of public concern. Sina, Sohu and NetEase took a different route, relatively elitist in comparison to Tencent's grassroots portal. Ma was basing his business upon the community who engaged with it, trying to provide users with information tailored to them, while combining communication with entertainment and business. Making users feel involved was key to satisfying them. QQ's news wires and new content-based quizzes helped Tencent create a platform that genuinely involved users. Ma's Tencent network represented a subversion of traditional news operations, promoting more extensive exchange and interactions between people.

In March 2006, the company formed a network with a Chongqing business newspaper. Within three months it had more than 1 million views, becoming the head of Chongqing's local online portals.

Why did Ma look into creating a regional portal? In an era of increasing internet usage, he saw that netizens in different areas needed more refined and specific services, and thus Chongqing was chosen as a guinea pig for new development.

Ma was able to source more abundant resources through local media, because regional portals had been ignored by many integrated portals and competition was not as fierce. With regional cooperation, Ma could establish dual interactive portals and media structures. Regional portals also needed an internet giant like Tencent to provide resources, while Tencent had a source of regional news.

The continuous injection of foreign capital gave regional portals a chance to expand; but Ma had already staked his territory and several provinces sought to cooperate with him. It was thus difficult for traditional portal giants, such as Sina, Sohu and NetEase to gain any advantage. Ma had divided their territories – perhaps even to the point where they would fall, like dominoes.

In 2014, Tencent's regional website had been running for eight years. After eight years of war and hard work, there had been a regional expansion of the portal to 12 major economic provinces, forming Tencent's 'comprehensive portal + urban life portal' matrix.

The company was at the summit in terms of its advertising market share, providing a rich source of profit for Ma. By focusing on economics and culture, Ma had emerged victorious in this new blue ocean market.

With regional portals included, Tencent had profits of over US$30 million. Ma had a strategy to target those users, through pop-ups that appeared on users' computers. The information these provided covered the user's work and life in the region. Through media impact and penetration, Ma had the last laugh.

8

CHAPTER

FIGHTING TO BECOME THE KING OF ONLINE BUSINESS

On 10 May 2003, the Alibaba Group's subsidiary, Taobao, was born. Unlike the B2B business model, Taobao was a cross between a B2C and C2C e-commerce platform.

If Alibaba was for businesses, and particularly SMEs, to build a platform for trading all over the world, Taobao was aimed at the individual, a platform for people-to-people trading. Many online companies were eyeing the market, looking to claim their own slice of the pie. On 12 June 2004, a very important moment in the history of the Chinese internet occurred: the West Lake Network Conference. More than 1,000 Chinese network operators gathered in Hangzhou at a conference hosted by the China e-Commerce Association and Alibaba. Many major brands, such as Walmart, LG, Samsung, Sears and GlaxoSmithKline made their Chinese procurements through Alibaba.

Clearly, e-commerce had become one of the internet's hottest businesses. Naturally, Ma could not miss such a golden opportunity. He had discovered that many Chinese users, being accustomed to physical shopping, would merely refer to a simple web page when shopping online, which often failed to show the real characteristics of the product and made it harder for the purchaser to trust it. He decided to put Tencent's speciality to work: strengthening online communications.

Ma's philosophy was that communication and mu tual trust were crucial in e-commerce, and all the more important in the C2C industry. QQ was seen as just the right tool to compensate for the lack of communication in C2C transactions.

Ma even applied for a patent on his combination of QQ and e-commerce, whereby dialogue boxes, allowing buyers and sellers to communicate, would appear on line. Of course, Ma realized many e-commerce sites had their own instant messaging software; however, QQ's were superior.

The next step was to consider how to bring buyers together. This was an easy problem to resolve: QQ's huge pool of users was a large market in itself.

Though there were 400 million registered and over 170 million active users, this did not preclude making an initial incursion into the C2C platform. Ma knew that e-commerce was still in its initial stages, and it was simply a matter of time before their scope could expand.

On 12 September 2005, Ma released his C2C platform: Paipai. Like Taobao and Alipay, it ensured the security of online transactions. The environment was challenging, given that Taobao was fairly mature and well established at this time, and there was also eBay to contend with.

Initially, trials of Paipai were planned to see if it was ready to be transferred to an operational state. In order to give users a sense of intimacy, Ma sent a letter through Paipai. Since the 2002 fee controversy, Ma had become very cautious with users, and made every effort to ensure they were satisfied, and that there was a sense of openness and transparency in Tencent's plans.

PAIPAI FORMALLY LAUNCHED

On 13 March 2006, Paipai entered its operational phase. Relying on the support of 170 million active users, it had 9 million registered users after its official launch. Based on surveys, most users welcomed the chat function. Relevant data showed that 70% of the C2C market was already taken and that there seemed to be little space for expansion; but Ma felt that there was still potential to establish links with many users who remained unconnected.

Paipai's network architecture was very advanced: users could enter online shops, interact with avatars, see star ratings of sellers, and sellers could make buyers into VIP customers, who could then enjoy discount offers.

On 10 May 2006, Taobao – which had gained the advantage during its competition with eBay – started to charge sellers, by providing a competing fee-paying ranking service, Zhao Cai Jin Bao.

This service meant that all qualified Taobao goods could be

presented at the highest positions on Taobao. After the promised three-year free period, this fee-paying value-added service was widely considered to be an effective means of charging sellers, and also proved the most significant reform of Taobao since its establishment.

However, sellers were angry aboutthe policy. They believed it would see sellers' products being placed far towards the end of Baidu search results, leading to a turnover rate of nil.

The CEO of Taobao stated that the model was completely new to C2C, and that users would understand its benefits after using it. He used data to back up this claim: 20 days after its launch, 100,000 sellers had already taken part.

For many, though, the words were empty: those who did not participate in the bidding saw their businesses take a nosedive. By 30 May 2006, an online petition had attracted 39,326 signatures. If there was no response to their collective strike by 1 June, they would cease sales and withdraw their Paypal funds.

Ma could see that Taobao's initiative not only hurt sellers, but was alsoaffecting buyers. He decided tousetheopportunity to develop his own Paipai. Soon after, Paipai initiated a campaign called 'Home-Moving Ants' with the slogan, "heavy rain comes and the ants are moving". This seemed an apt motto since, at that time, ants were Taobao's mascot. Clearly, Ma intended to lure Taobao sellers to move to Paipai with the free slogan. In order to increase its publicity, this campaign was promoted throughout the QQ platform. Paipai even promised that it would accept sellers' prior credit records from third-party platforms and provide recommended positions for newly opened shops. It was a clear challenge to Taobao.

In order to attract more sellers to Paipai, Ma also introduced a policy of special incentives users could participate in, such as third-party transfers and shopper rewards.

On 6 June 2006, Paipai was officially launched, with users being able to utilize its services free of charge for three years. With more and more users online, sellers also wanted to find a prime position for selling their products, and Ma hoped that that the measures the company had installed would attract them.

According to reports, in the second quarter of 2006, China's C2C had a market size of ¥5.71 billion, showing a strong momentum of development and growth. From September 2005 to August 2006, Paipai grew rapidly, its registered users exceeding 2 million a year and online sales breaking the 4.5 million mark.

In facing Paipai's challenges and its direct provocation in the Zhao Cai Jin Bao event, Ma Yun was certainly not pleased. However, at this point, a rumour spread online: the prior protest of Taobao users was alleged to have been planned by Paipai.

On 30 May 2006, an anonymous article was published online, entitled "How Tencent attacked Taobao". The article claimed that Tencent and a PR firm signed an online forum PR agency agreement designed to denounce Taobao. The article was followed up with a survey asking people whether they believed that Ma had collaborated with someone to attack Taobao.

Ma issued a letter from his lawyers, requesting the immediate deletion of both articles. However, although the articles were removed from the direct listings, they were not completely deleted. On 6 June, a further article was published, called, "Tencent's 10 Deadly Sins".

The article was filled with personal attacks and namecalling. Seeing red, Ma took the company who published the articles to court, demanding an apology and ¥5 million in compensation.

On 21 June, the battle reached a climax. Ma pointed out that difficult innovations tended to rely on copying: all e-commerce companies were inclined to copy, and it was often impossible to say who had copied whom. Internal contradictions aside, on the one hand, Taobao was the one who had developed the principles, while Paipai followed them. If Taobao applied to patent its model, it could not be disputed that Ma's behaviour was an infringement. On the other hand, in the rapid development of the internet, no one could restrict or bind any one model. All any company could rely on was strong talk and persuasion.

In December 2006, Tencent filed a lawsuit against Taobao. The basis of the case was that Taobao was selling QQ coins cheaply. They believed this would never have happened without Tencent's cooperation with Taobao.

Prior to suing Taobao, Tencent had repeatedly reminded Taobao that their actions were in violation of Tencent's rights, only resorting to the law as a last safeguard for their rights and interests.

In fact, the spark that started the fire was a shop that had opened on Taobao's website. The shop had sold QQ dollars. When Tencent discovered this, they negotiated with Taobao, and Tencent hoped to be able to convince the business to stop the practice, or simply close their store. But Taobao ultimately took no real notice of Tencent's warning.

Thus Tenent took Taobao to court, claiming a violation of their property rights and copyright, and seeking to have the store's page deleted.

However, ingeniously, Taobao had taken legal action first, seeking legal validation from the court. From their point of view, the sale of QQ coins was an independent marketplace, and Tencent's actions were an unfair attempt to shut down competition. In other words, Taobao was merely a platform what sellers did on that platform was an unrelated matter for which Taobao could not be held responsible.

Tencent was unwilling to settle so amicably, and stated that such a trading platform would be unworkable in the first place.

As the conflict continued, Shenzhen police shut down the account responsible for stealing QQ accounts and coins, much to the delight of Tencent.

Yet the situation remained unsettled. In a sense, Taobao could be considered a house in which rooms were rented – could it really be said that, just because some of the rooms in the household were not clean, they should be driven out? Absolutely not.

In addition, Taobao was unlikely to have its businesses 'filtered'. Tencent stated that Taobao should set up a filter for merchants intending to do business on Taobao. However, the cost of doing so was prohibitive and inconsistent with the internet's needs to be fast and varied. Taobao were determined not to comply.

Taobao saw what they provided as merely a personal trading platform and were passive in their approach to it. But with such an approach, the platform was flooded with those who played by their own rules and pursued their own interests.

COMPETING WITH SOCIAL NETWORKING SERVICES

By 2006, the concept of the internet was deeply rooted, and more companies were moving their focus to social networking services (SNS) and what they could bring to netizens. The US had become well known for their contribution to this emerging space, through the use of Facebook. Jack Ma, head of Taobao, could see the potential of this market and was active in developing a strategy for Taobao.

They were not alone. Alibaba were also investigating the advantages of this area, as Taobao actively attempted to seek out talent in SNS development.

If Jack Ma could build bridges between e-commerce and the SNS communities, Alibaba would have a problem on their hands. In terms of talent, there were only two companies at the time capable of creating something like Facebook: Tencent and Alibaba.

Pony Ma was also examining the potential of this area. On Weibo he expressed Tencent's interest, thus placing him in direct competition with Jack Ma.

On 1 September 2010, war ignited between Tencent and Taobao. On 31 August, Tencent initiated a comprehensive ban against Taobao's new search engine algorithms. Taobao, in turn, banned promoters with Tencent's QQ numbers. The intention was for Taobao to be able to promote their own instant messaging, while suppressing their rival.

For Jack Ma, the battle had already been won from the moment eBay could no longer compete with Taobao. By maintaining a localized service over the course of their development, they had managed to fend off both Paipai and eBay.

Compared with Alibaba, Tencent's product line was too long, making it hard for Ma to concentrate his energy on e-commerce. Perhaps this gave Taobao an indication of Paipai's future downfall.

Over time, the competition between Paipai and Taobao eventually became one-sided: Taobao gradually overcame. Whether because of the size of Tencent's product range or Jack Ma's skills, Paipai never had a chance to defeat Taobao. In 2007, Taobao was no longer a simple auction site, but the largest of Asia's online retailers.

Although Ma enjoyed nothing comparable to such e-commerce success and Paipai could not compete with Taobao, he managed to recommend it to the Jingdong group in the B2C market.

As part of Jingdong's strategic cooperation agreement with Tencent, Tencent agreed to provide Jingdong access to WeChat and QQ customers to help them find new markets in electronics; they also agreed to cooperate in online payments, thus enhancing users' online experience.

Although the act of passing Paipai on to Jingdong may have appeared as though Pony Ma had lost to Jack Ma, Tencent's 15% stake in Jingdong meant that they were able to combine advantages. They were able to merge Jingdong's distribution channels with Tencent's mobile connectivity and user base.

So how had Paipai failed where Tencent had succeeded? First, there was no causal connection between having a large number of users and some degree of success in C2C.

Once Ma had attracted hundreds of millions of users, it was necessary to maintain user wishes and the familiar relationships and interests they had cultivated online. In order to maintain this familiarity, it was not enough to simply transplant everything to a more transparently commercial context, as this would weaken the hold they had on users.

Secondly, the advantages of QQ's community model were difficult to translate into business advantages.

As an IM software, QQ was quite successful, creating a huge community into which most of China's internet users could be absorbed. However, being a community, it was mainly seen as meeting interpersonal needs rather than consumer ones. By contrast, Taobao had gathered together a growing number of businesses, which in turn attracted more and more buyers.

Thirdly, there was not enough attention paid to user's needs. Given QQ's ability to connect people, and the ability of Alipay and Taobao to meet consumer needs, Paipai had few distinct advantages through which to distinguish itself, and thus became viewed by most users as largely redundant. Much to Ma's regret, Paipai was never able to compete with Taobao.

In 2014, Alibaba and Tencent released two new pieces of software. Industry saw the confrontation as representative of a battle for either side to prove their strength. Tencent, for its part, was moving into restaurant reviews and other such areas of IM software, some of them not dissimilar to Uber.

The first shots were fired in earnest on 10 January 2014. On that day, Didi announced that it would provide taxi drivers with a share of earnings as a kind of subsidy. After the news broke, many taxi drivers downloaded the app, as did users themselves.

As of 30 June 2014, Didi had a 45% share of the market of over 178 cities. Alibaba's service claimed the rest of the market over 306 cities. In early August, the two services still paid symbolic awards to taxi drivers, but far less than they had in the first half of the year. Eventually the subsidy dropped to ¥2, before ceasing altogether.

Each service was influenced by the culture of its parent company. Kuaide, being owned by Alibaba, was able to find understanding partners in the area of e-commerce and to win user loyalty. Tencent meanwhile had a strong advantage in its social networking platform and viral promotion strategies.

The next stage in the war came when both sides began competing for limousine services. Beginning in Beijing, the service spread across the country, while some cities saw their local government transportation departments calling for a stop to the services.

Taxi management policy lagged behind changes in technology, causing some to wonder if technology would determine the trends that a market economy would have to follow, or even lead to reform of the entire taxi industry.

CHAPTER 9

SEARCH ENGINES BECOME PREVALENT

COMPETITIVE RANKINGS PROVE LUCRATIVE

Internet search engines had come to be viewed as virtual pots of gold: a source of potentially endless money. Each business area had its fixed profit point for search engines, and thus one of the main sources of income was keyword advertising. Companies would pay according to their ranking, and thus a major strategy was to buy keywords that would rank them higher in search engine results.

In China, Baidu was the major search engine. Enterprises looking to increase their visibility on the search engine were a huge source of profit for the company. In November 2008, news was released saying that some businesses were advertising on Baidu without being properly reviewed. Other media outlets published similar reports, saying that Baidu's bid-ranking system was a source of vicious and unrestrained competition.

Given Baidu's exposure, some 1 billion people would have been exposed to the news. Baidu's stock plunged, falling by 38% over just three trading days.

However, Baidu's problem was not simply the loss of money but, more critically, the loss of a more intangible value – its brand image. Yet the controversy did prompt a re-evaluation of their business ethics, as well as reveal a hidden source of search engine revenue, and so Baidu moved its focus on to pastures new.

In 2005, with the rise of the search engine market in China, Ma began to intensify his focus upon this area. He was keenly aware that, as long as portal sites could only provide information, users were mere passive recipients, unable to actively interact with the information they collected. This was a gap in the portal concept.

On 4 February 2005, Ma and Google reached a strategic cooperation plan to help Tencent expand its search engine strength. In exchange for Google providing web search services, Tencent would help Google with internet advertising and search engine technology.

After this mutual collaboration, Ma began the next stage of his plan, ensuring users would receive information customized to their needs and interests. On 2 March 2006, Tencent released its search engine. Compared with other well-known search engines, its focus was on meeting user and in particular young people's – needs.

The search engine included options for pictures, news, music, and other forums, as well as connection with QQ via the same login.

At first, Baidu seemed to take this development lightly, appearing unconcerned. However, given the tendency of search engines to aim for complete coverage of all areas of the internet as their ultimate purpose, a collision seemed inevitable.

In June 2005, Sina attempted to break into the search engine market with software that combined the input of various companies' content and resources, but after two years it was clear that it had very little chance of competing with the dominating power of Baidu and Google.

By 2007, with Google's China localization strategy having proven unsuccessful, and Sina having failed to find success, Sina and Google announced a plan to cooperate with each other.

One reason for Google's loss to Baidu was that Baidu held a 'business licence, while Google did not. Google and Sina's cooperation, despite great fanfare, proved to simply be Sina using Google's search engine. At this point, Zhang Chaoyang, head of Sohu, emerged. In 1998, he introduced Sohu, and in 2000, the company listed on NASDAQ.

In 2004, Sohu introduced a search engine, placing him in direct competition with Baidu. Its name was said to come from the words sou and gou, which, in Chinese, means 'search dog'. Two years later, Baidu remained top dog, having lost nothing to Sohu.

Ma, for his part, had still not found a way to compete with Baidu in the search engine market. But he still had confidence in Tencent's large number of users, and continued to search for opportunities in the area.

By 2014, Baidu already had over 1 billion registered users and daily page views of over 2.7 billion. Its younger user base was an important part of its predominance. Its message boards also helped these users, both to pursue individuality and to find like-minded people. These message boards were a formative part of the fan culture that developed online in China. They also gave it the popularity necessary for developing it into China's main search engine.

Baidu's advantage over the QQ group was that it created a sense of community and a stronger sense of belonging, whereas QQ was mostly simply a messaging tool. Ma was inspired to try and integrate the experience of search engines with Tencent's existing products, in order to create a personal, community-based, intelligent, agile product.

Following Google's exit from China, Tencent's search engine had one less competitor to contend with, and with many former Google staff coming over to Tencent, their chances of rising were further enhanced.

Still, integrating Google's advanced technology and experience into the company and search engine would take time. However, the new influx of talent provided Ma with many new directions to explore if he wanted to overtake Baidu.

CHAPTER 10

THE PENGUIN WANTS TO PLAY

FIRST ATTEMPTS AT ONLINE GAMING

In 2006, a US securities firm released a report that predicted gaming would account for 50% of all game industry revenue over the next five years.

In February 2006, QQ games broke the 2 million mark of simultaneous online users. After eight years of development, China's online game market had established the record for the most simultaneous online users.

Ma still had competition, though, and developed a plan for the company that saw them, in May 2003, developing software to meet Chinese gamers' increasingly sophisticated needs by having 3D gaming replace 2D software. Alongside a Korean developer, they produced a game called Return Triumphant.

On 7 July 2004, at a Chinese international software exposition, it was stated that, "Tencent, after listing on the stockmarket with US$20 million, has set its sights on the gaming market." Ma then created several teams, in order to realize his goal as quickly as possible.

It was within this context and sense of expectancy that Return Triumphant was released.

In all respects, the game was superior to its 2D forebears. The fact it could be used regardless of the quality of the user's computer helped its fame to spread. Ease of payment, through mobile or Q coins, also proved advantageous.

Although it had no real competition, some problems did emerge, such as servers being unable to cope with the popularity and size of the game. Nonetheless, if these problems could be overcome, the success of the other aspects of Tencent's business boded well for the future.

HEROES

Pony Ma's first attempt at being licensed to operate online games proved a huge failure, and no doubt presented a relatively major setback to Tencent, as it had just entered the online game market. Nevertheless, Ma quickly learned his lesson and made a significant decision: on the one hand, Tencent should make full use of its rich user base to strengthen its gaming platform; on the other hand, in order to gain more experience, Tencent should split its operations into different zones. From this point forward, Ma was no longer satisfied with having copycat games, or simply being licensed to operate games. He wanted to develop original games.

Soon thereafter, Tencent targeted the then online game magnate, Shanda Game, as its presumptive rival.

When Tencent released QQ Chess and Cards, Shanda had just acquired the Bianfeng Games Platform. However, within just one year, QQ Chess and Cards presented itself as superior to chess and card games platforms like Ourgame and Bianfeng, making it the king of all similar platforms. More importantly, Tencent had broken the curse of chess and card games not being profitable, demonstrating the remarkable power of the little penguin to the Chinese online game market.

Although Tencent did not have a great deal of experience operating online games, it was very experienced in commercial promotion to users. Tencent had cooperated successively with companies like Huaxia Beijing and Dreakworks Chengdu to operate several games, including Huaxia and Xiayidao.

In 2004, Tencent advanced its new online game, QQ Tang, which quickly gained the favour of users. Evenm though QQ Tang was considered by some to be a copycat of Shenda's Paopao Tang, the online game had over a few million players every day.

Ma built upon the momentum of QQ Tang's success. He continued to make copycats while maintaining a small scale research, development and licensed online games business: QQ Battle Platform was a copycat of Haofang Battle Platform; QQ Three Kingdoms was a copycat of The Adventure Island; QQ Racing Cars copied Crazyracing Kartrider, and QQ Dancing copied Audition Online.

No matter how many people held a grudge against Ma's strategy of copying other companies, they could not deny the fact that those much-criticized games were also proof that Tencent was not afraid of competing with its rivals with similar products. The games that had been copied by Tencent showed a resulting decrease in sales.

Subsequently, in 2005, Ma invested ¥30 million into the development of a large online game, QQ Fantasy, over two years. As an online-community game, QQ Fantasy represented a huge step on the part of Tencent towards its plans for establishing an online community.

While accumulating its experience in operating casual online games, Tencent began to develop larger online games. Eventually it promoted its signature games, Journey to Fairyland and Dungeon Fighter Online (the latter developed by a Korean company). Ma had given the two lines of products a great deal of consideration, and the two games were totally different in nature and content: one made in China while the other was made in Korea, one in 3D while the other was 2D.

In relation to the controversies of the online games, Ma had his own opinion: "Any service must be provided to its users in an orderly and appropriate way. Otherwise, no matter whether the game is for casual entertainment or education, if it costs too much time for the users, it will be inappropriate."

In order to further promote the positive image of QQ Fantasy, Ma cooperated with the Wahaha Group. Through this cooperation, Ma learned that, after a few years' development, the Chinese online gaming market was heading towards a more specialized direction, and would become more mature and stable as domestic online game developers strengthened their research and development capacity. For Tencent, there were still many unexplored opportunities ahead.

THE INCREASED UNPREDICTABILITY OF THE MOBILE GAMING AGE

On 13 August 2014, Tencent published its Q2 financial report. Total revenue stood at ¥19.746 billion. Online gaming revenue had reached ¥11.081 billion, a significant increase. And the mobile version of QQ and mobile games attached to WeChat had reached ¥3 billion, 30% of total online gaming revenue. Moreover, Tencent had made remarkable progress in the area of online game patenting. As of 20 November 2014, Tencent had acquired 64 patents in online games, while Huawei, ranked second in the market, had 41 patents. In recent years, Tencent has held a leading position in terms of patent applications. This represents but one demonstration of Ma's continuous creativity in the online gaming area.

Currently, Tencent Games has already become one of the biggest domestic online gaming social communities. Under the open internet strategy advanced by Ma, Tencent Games covers five categories, including casual gaming platforms, huge online games, middle-scale casual games, table games and battle platforms.

At present, the contribution made by PC games like The Viral Factors, Blade and Soul, and League of Legends are the primary sources of income. Moreover, Tencent has also created Dungeon Fighter Online, LOL, and Crossfire, which are the top three games in terms of global online profitability. Even so, the rapid development of mobile games has already severely impacted PC gaming. Since this is a common problem in the industry, it is certainly not a challenge that could be resolved by Ma alone.

Currently, Ma has not officially ventured into the mobile chess and card games market. What he has thus far done is simply transplant the existing PC chess and cards games to mobile phones, relying primarily on the large amount of users and the popularity accumulated over the past few years. But once Tencent had determined to aggregate these games, it definitely created a more attractive mobile chess and card gaming platform, which could not easily be matched by other companies.

As a tycoon in the PC chess and card gaming area, Tencent's monopoly position had been challenged by mobile gaming. Nevertheless, as stated by Tencent, in the future, its mobile game business would provide a source of stable income. Tencent would also speed up the development of its new mobile games, as well as invite third parties to collaborate on its projects.

Although WeChat already had a considerable competitive edge, combined with the advantage of a few hundred million users in the mobile market, the mobile games industry was still restricted by the profit-generating model of conventional games. Compared to conventional PC games and mobile game apps, the active users of Tencent WeChat were mostly urban or in the middle or higher classes. For users of this type, the major motivation for logging onto WeChat was to enjoy some relaxation and casual entertainment, not to consume virtual commercial goods. From this perspective, the profitability of mobile games was still somewhat restricted.

Tencent's mobile terminals had already absorbed all of the Chinese internet users. With the promotion of Tencent, many non-players had gradually been transformed into casual players, while many of these casual players had been converted into frequent players. However, there were some restraints in terms of Tencent's data volume transmission and the users' data input capacity. Tencent was experiencing a bottleneck period in the operation of its online social community platform. Hence, Tencent had created Yingyong Bao as another channel of development. However, since Yingyong Bao was currently relying on WeChat and QQ Mobile to direct user traffic, some of the Tencent mobile games could only be downloaded through Yingyong Bao, and this had exerted some pressure on the further development of Yingyong Bao. If the operators failed to maintain the business properly, or adopted an unreasonable business strategy, it would lead to a series of negative repercussions.

In the age of mobile games, whether Tencent was able to become a leading figure with the success of WeChat was dependent upon how Ma and his penguin army would devise and enforce their strategies.

"ENEMY OF THE STATE" AS A MAJOR PLAYER, OR, COPYING IS THE MOTHER OF INNOVATION

It seems that Tencent is the only example of an enemy of the state in the Chinese internet market. It is also the only enterprise that can cover almost all online services and products. Hence, people have transformed the famous line of Tang Jun, "My success can be copied", into "My copying can make success", in order to mock Tencent. Actually, this is exactly the core value of the penguin empire.

Copying and innovation have always been the trump cards of Ma, and this collaborative approach represents his business strategy of 'standing on the shoulders of giants'. Ma knows very well that it is very hard, perhaps even dangerous, to be a pioneer in the Chinese market, since it lacks the innovation and creativity of foreign markets. Therefore, he has been determined to choose the path of 'copying + innovation'.

Although many people thought that this strategy demonstrated Ma's exploitation of the innovators, apart from the QICQ domain name case, Tencent had barely encountered any major lawsuits.

The real reason for Tencent's ability to avoid being sued, even while it was making copycats of other companies' products, was that the core technologies did not belong to China from the start. For example, the famous Alipay and some other video technologies were introduced from abroad. Therefore, many of the companies copied by Ma were themselves copiers. They were all, like Ma, borrowing foreign business models.

Ma was quite successful in terms of providing a satisfying user experience. 'People first,' had always been his creed, so that, no matter what he copied, he would do no worse than his competitors. It is exactly for this reason that many people within the industry thought that, within the Chinese internet market, there was no such thing as 100% innovation – no matter whether one was referring to tycoons or smaller enterprises. Assuming the idea of making copies is utilized as a standard, nobody can be called innocent. Thus, what people really feel to be taboo is not so much the act of copying itself, but copying without innovation.

Let us examine the innovations of QQ. For instance, services such as QQ Vip, and QQ's Blue Diamonds and Red Diamonds were not copied by Ma from elsewhere, but rather were original creations. Through such innovation, Tencent was able to expand and maintain its user base. The value-added services developed by Ma also helped Tencent's bottom line. With the support of a huge number of users, Ma was able to continue to copy and perfect every imitation, according to users' varying demands.

UNDERSTAND USER DEMANDS

Undoubtedly, the reason that Tencent could enjoy such a massive market was because it had a huge and stable user group. This user group had been acquired by knowing and understanding the psychological needs of users.

Many users felt that the file transmission speed of QQ was fairly quick – this kind of feedback from users ensured the advantage of Tencent. Ma would pay attention to the feedback and ensure their advantages were further improved and perfected, thereby adding value to their brand name.

Ma believed that the hardest part of designing products was prioritization and ordering. Therefore, he would not form judgments about products based simply on volume reports completed by employees, since these types of reports usually involved lots of subjectivity. Ma always expected that the product managers would explore the potential problems and ramifications when they first started to devise a product, and therefore put a great deal of attention into the product itself. With this type of focused attention, the result would usually be successful and effective.

Ma placed much emphasis on the core function of a product, whether that be to save time, solve problems or promote efficiency. Ma's requirements for the Tencent product managers were to: be capable; be confident; pay attention to the core function of the product; and have a passion for pushing things forward.

In Ma's opinion, the user experience required technological breakthroughs. In order to achieve this, Ma required effort be invested into exploration of the hard indicators of the product. At the stage of design and development, the designers had to consider how the outside world would compare the Tencent product with similar products.

Ma actually required Tencent to develop the core capacities of the product to its extreme. Once this was achieved, it was harder for potential rivals to catch up, and Tencent could exert its competitive edge.

Ma still considered the product managers to be a kind of spearhead, as all product upgrades required the cooperation of the managers. Because of this, Ma allowed more experienced senior technological researchers to be promoted to product manager positions. Ma felt that a good product needed to be controlled by someone capable and experienced. Otherwise, if a manager were unqualified, he or she would always need others' help, and the final result could potentially be unsatisfactory.

No matter what the product, feedback and comments were critical. This valuable reponse usually came from senior users and opinion leaders. In the past, Ma's strategy had been to emphasize the less senior and less advanced users' demands. However, as Tencent developed, he had become increasingly aware of the demands of more senior and advanced users.

This raised a crucial question:, how could he attract more senior and advanced users? Ma believed that this only became a meaningful problem once the fundamental functions had been fully explored. For example, he felt that, until a Tencent product had gained user comments, they should not abuse the platform's functions. The product managers therefore had first to pay attention to the parts that would satisfy user demands. Without these, users would only give negative feedback. On the other hand, given the increased number of users, existing users could help by promoting the products that they were satisfied with. Therefore, Ma had been quite discreet and cautious in terms of development and promotion. He put a great deal of consideration into every update. It was this constructive attitude that helped him to promote his products. Ma was aware that, if the reputation of the product were ruined, it would be extremely difficult to recover the loss.

Ma kept updating Tencent's products. At the same time, he gained a rich experience in controlling the functions of the various products. Once the core function of a prod uct was completed, other frequently used functions were gradually completed. The designers had to carefully consider every one of the problems. One of the most frequently encountered problems was: when a function could bring,for example, 10% of the users some positive effect, would it then have a negative effect for the remaining users? It often required a great deal of effort to resolve the inner conflicts of the products themselves. It was crucial for the managers to learn how to provide different solutions for a variety of situations. In other words, having more functions was not a major determiner of success; a far more accurate measure was that of users' overall satisfaction.

Prioritizing the users' experience helped to target their various demands precisely, providing the company with new pathways and prospects. It was Ma's 'user first' creed that allowed Tencent to survive and thrive in such a fiercely competitive market.

GROWING ADDICTION TO TENCENT PRODUCTS

Nowadays, many Tencent users have become 'addicted' to Tencent products: this is not only true of QQ, but also of WeChat and QQ games, among others. With the wide use of smartphones and the development of the internet, Tencent products have a huge appeal and many users have developed a heavy reliance on them.

What Ma had been thinking about was how to maintain this attractiveness. In other words, how to keep users addicted.

The first aim is always to maintain the products' simplicity. In the age of the internet and wireless applications, simplicity is a vital principle for designers. Ma has never been in favour of complicated buttons that affect the users' experience; instead, he has always strived to simplify the operation of his products, no matter the purpose of the product or the type of intended users. Sometimes, one of his prerequisites has been that children should be able to operate the product freely.

The second vital step towards maintaining product attractiveness has been designing products that allow users to multitask. Whenever Ma designed an app, he would first consider the user's location and the time at which they would be using the product. Often, if a product required too much attention or time to operate, it would adversely affect the user's experience.

Take QQ as an example: its operation is quite simple, allowing people to chat while surfing the internet. Crucially it does not occupy too much of user's concentration, especially since the introduction of the combination of different chat windows. Users are able to chat with many different people while saving screen space. All these updates are intended to promote ease of usage, while demanding minimal amounts of concentration from the user.

The third factor influencing product attractiveness has been the development of products that allow the users to develop a feeling of control. On the internet, giving users a sense of autonomy and freedom in decision-making are key principles for successful products.

Fourthly, Ma realized that micro-innovation stimulates users. Given the huge number of internet products available, creating an addiction among users requires promoting positive effects, which will, in turn facilitate a positive emotional reaction. Furthermore, Ma noted that as users grow tired of the software, they will develop a resistance against it and may not wish to use it again. Therefore, in order to maintain the user's interest, Ma always tried to find means of gradually build up stimulation among users, progressively propelling them toward increased usage.

The fifth important factor involved paying attention to the ways in which users absorb information through conscious and sub-conscious means. In order to develop an addiction, Ma always used a great deal of creativity to encourage users to employ their products repeatedly. In the process, he would transmit information to the users through both their conscious and sub-conscious mind, while simultaneously maintaining a positive interaction between the users and the software.

The sixth crucial strategy constituted ensuring that users engage with the product repeatedly. Tencent has created lots of QQ games relating to wealth, which allow users to repeat a number of simple acts and gain positive feedback as a result. For instance, when playing some Mahjong card games, users could gain virtual rewards. These rewards would cause dopamine releases in the user, making the user feel positively towards the product. Once users became accustomed to this habit, their brains would release more dopamine and continually encourage the users to keep engaging with the product. The seventh factor was making the users feel 'cool'. No matter whether in the real or in virtual world, every individual wants to feel superior and to feel they are making progress, especially when compared with others. Ma had observed this common mentality, so during the process of development, he put a great deal of consideration into this aspect. For example, QQ Vip can be upgraded with yellow diamonds. In social software QQ and WeChat, the 'like' function provides another way to highlight one's popularity, while gaining the attention of friends. Ma theorized that the need to show off and gain recognition would encourage users to employ the product repeatedly, as well as providing more profit-generating channels.

Lastly, it was important to compliment users continually. In the virtual world, Ma valued exaggerating positive feedback. Adopting this measure, users would fall into a loop of using Tencent products in order to gain a sense of appreciation and success.

In the current competitive software market, only those who can cultivate the addiction of their users can profit. Through the employment of these various effective strategies, Ma's team continue to be successful in this way.

CHAPTER 11

A NEW STRATEGY DRIVES THE COMPETITION CRAZY

WITH 800 MILLION USERS, THERE IS NOTHING TO FEAR

On 16 May 2007, Tencent published its Q1 financial report for 2007: as of 31 March 2007, QQ had 597.9 million registered users, with 253.7 million of them active. The biggest number of users online simultaneously was 28.5 million.

In 2011, Tencent organized a massive high-level conference. During the course of this conference, Tencent and all of its third-party partners discussed their open strategy. The commercial purpose of the discussion was that Ma intended to share the fruits of Tencent QQ with everyone.

During the 3Q War in 2011, Ma had made a tough decision: to allow 360 software users to use QQ. It was this seemingly insignificant decision that had changed the fate of Tencent fundamentally; indeed, it had arguably even transformed the status of the Chinese internet industry and its hundreds of millions of users.

Some days after the 3Q War, on 17 November 2010, Ma attended the 12th Entrepreneur Summit of China. Here, he stated that, "While the internet has been affecting people's lives profoundly, it provides many opportunities. Openness and sharing have formed the primary trends in our industry. In the future, Tencent will attempt to implement more elements of openness and sharing into the industry. And we will further promote open platforms pragmatically, cooperating with app developers and independent developers to collaboratively facilitate the development of China's internet."

Ma's open strategy meant users would be able to enjoy the more humane and vibrant online life provided by Tencent through the means of software such as Q+, which allowed third-party applications to use QQ as a stage to provide services directly to more than 600 million QQ users.

The true intention of such an idea was to form a massive group of users: a more open and intelligent community integrated into the entire online world, with each part connected organically. From Q+ it could be seen that one of Ma's important corporate visions was to make QQ not only the core business of Tencent, but also the core of an entire internet industry chain. It would become the preliminary impetus for all kinds of online activities for Chinese users.

THE RALLYING POWER OF MA'S Q+

In 2014, the international social marketing agency We Are Social conducted a survey and published a ranking of the major global internet social platforms. Among the five largest social networking service providers, Tencent QQ, QQ Space and WeChat made the list. The reports stated that, in 2014, the total number of global internet users exceeded 3 billion. Among them, the active monthly users of Facebook numbered 1.35 billion, close to the total population of China. The second and third places belonged to QQ and QQ Space, its total registered users numbering 829 million, with 645 million active monthly users. The fifth entry was the instant messaging mobile application WeChat. Its active monthly users numbered 438 million.

Over the past few years, WeChat's development in the Chinese market has exceeded that of QQ and QQ Space. The phenomenon has attracted wide attention from the West. The reason behind this is closely connected to the contribution and effect of QQ, since at least half of WeChat's users are also QQ users.

From 600 million to 829 million; the huge number of users again demonstrated Tencent's power. With such a massive user group, no matter what kind of software was created by Tencent, the product would always be used by hundreds of millions of people.

USE THREE HANDS TO DIG FOR GOLD

In 2012, Ma reorganized the mobile department of Tencent to make it more suitable for the new mobile internet age. In order to enhance the appeal of the mobile business, he adopted the strategy of 'using two hands to dig for gold'.

On the one hand was the mobile internet business. This group attempted to integrate the wireless department and the PC department of Tencent into one business chain, to help facilitate the development of Tencent's mobile internet. On the other hand was WeChat, a new product for a new age, which could respond to the user's experience and demands. It is likely WeChat will continue to play an important part in the future development strategies of Tencent.

Of course, for Ma, both hands could hit competitors concurrently, but not without some inevitable drawbacks. For instance, the design for the mobile business was not sufficient to advance Ma's grand strategy, and could only generate some short-term revenue. However, because it had originated from the relevant parts of the PC business, many conventional departments had become its power source. Ironically, the mobile internet business had partly replaced the PC business, causing inevitable conflict between the different departments.

Furthermore, because there were some related investments between WeChat and the mobile internet business, their development would occupy the resources of other departments. In this way, Ma's two hands sometimes intertwined and tangled together.

Following the improvement of Tencent's mobile internet products and Ma's understanding of the mobile internet business, the habitual two-hand strategy was no longer capable of satisfying their demands, so another 'invisible hand' had to be added. This invisible hand was the mobile interactive entertainment business which absorbed the mobile QQ business and mobile games. After the reorganization, the mobile department was no longer a 'vampire', but a blood generator. Ma encouraged other departments to invest funds and energy into the mobile department as well.

However, from the outside, Ma's arrangement might have appeared somewhat ambivalent, suggesting Tencent had not made WeChat into a driver so much as a long-running experiment. In fact, Tencent's three-hand strategy differed greatly from the previous two-hands approach.

This was due to the fact that the mobile internet business did not carry a heavy pressure to profit in the short term, making WeChat more important; furthermore, the profit-generating businesses, such as mobile QQ and mobile games, returned to the PC department after the reorganization, further increasing its commercial value and the company revenue, while decreasing the commercial pressure on WeChat.

In 2014, Tencent held the Tencent Mobile Open Strategy Conference. The parties present revealed their plans for future strategy and products. As one of the internet tycoons, Tencent did not fail to meet expectations, revealing some details of their mobile business strategy.

During this conference, Tencent promoted Yingyong Bao as a major product. This new product had potential for broad development in the future. What determined its value was the new Tencent strategy, aimed at 'digging deeply into the social genes'. This demonstrated Ma's attempt at finding new pathways to more personalized products and resources. Users and developers could realize their best interests, and allow Tencent to differentiate itself from its competitors in the future market.

Yingyong Bao was different from traditional application distribution. It was more personalized and the upgraded 4.0 version was able to analyse the user's personal preferences, with reference to the data, and then make tailored application recommendations. It increased users' positive feelings and satisfied their demands to the greatest extent possible.

In 2013, the tycoons were only talking about big data; by 2014, they were actually competing. Whoever could generate profits from development in big data could acquire a more advantageous position. It was believed that the mobile strategies employed by Ma would lead others to create similar products and approaches, providing users with more choice and facilitating the development and prosperity of the mobile internet market as a whole.

THE MARCH TOWARDS ANIME

In 2014, Tencent hosted the annual news conference for interactive entertainment. During the news conference, Tencent Anime made public its new strategy: to build an anime industry chain. In order to ensure the proper function of the industry chain, Tencent had already begun its first project – an official Naruto (the popular Japanese manga) fan website.

This was a strategic breakthrough for Tencent. Not only did it constitute a brand new experiment, it also provided anime fans with a good entertainment base. Over the past few years, the state had been supportive of the anime industry, giving it bright prospects. By building up the anime industry chain, Ma considered anime to be Tencent Entertainment's new battlefield. It was a large market, and the culture surrounding anime was hugely popular.

Ma primarily focused on the following four aspects: firstly, and most importantly, striving to produce good work for the fans. Secondly, it was important to strengthen the animation to spread its influence further. The third aspect involved strengthening the games themselves, and the fourth area of focus was upon strengthening related products to ensure the content could be further developed.

In 2014, the development plan devised by Ma for Tencent anime relied on the powerful platform Tencent had already constructed. It was a pan-entertainment strategy, intended to reorganize the Chinese anime industry so that a complete industry chain, revolving around popular concepts, could be established.

Not only would Ma introduce famous anime which were already popular, he would also develop original work in order to attract more fans to the Tencent anime community. Shi Xiong, a manga created by Qi Duyu, gained wide recognition after being published on Tencent Anime. With support from Ma, this manga had facilitated anime spin-offs, as well as offshoots related to gaming and other products. After his cooperation with Tencent Anime, Qi Duyu had become an artist who made millions every year.

At one press conference, Ma officially raised his new updated pan-entertainment strategy. People gradually became clearer about this new concept, which represented the symbiosis of the online world and mobile internet. With the support of this multi-industry platform, the Tencent business chain could be further developed.

Ma would henceforth be able to provide users with a good entertainment experience. He planned to spare no effort in his commercial strategy of introducing and developing popular intellectual property works to satisfy Tencent users' entertainment demands.

READING IS KING

In 2013, Tencent Literature, a subsidiary of Tencent Holdings, introduced the 4.0 Android version of QQ Reading. According to an official announcement from Tencent Reading, although the Chinese internet had experienced microblogs and games, the next battlefield would be in the mobile reading area. Tencent Reading would be gradually connected to Tencent's other social platforms. In relation to the details of the connection, Tencent was still planning and experimenting.

Ma had seen the future development of people's reading, and had strengthened Tencent's digital reading platform. Given the current status quo, the new version of QQ Reading was evolving in different directions: the content was richer; the functions were stronger; the visuals were healthier; and the details were better suited to the user's operation. Ma had also strengthened his cooperation with Chuangshi Chinese in order to provide reading content for the users.

In the second half of 2013, Tencent hosted a press conference in Beijing to officially launch its Tencent Literature brand name, business structure and full literature development strategy. During this important conference, Tencent Literature announced its business structure, which covered Chuangshi Chinese, a male-oriented original works website, and Yunqi Shuyuan, a female-oriented original works website. Apart from these two sites, it also included digitally published books sale platforms and PC gateways to Tencent Literature. Of course, Ma did not forget the mobile version: Tencent Literature also included a wireless gateway and a mobile version of QQ Reading.

The reason for the conference was primarily related to the mobile QQ Reading Centre. As its name suggested, the QQ Reading Centre was a platform based on QQ Reading. Its primary focus was light reading on social networking sites. If compared with the prior Tencent Game Centre, a significant change was that it would be promoted on the 'trends' area of the new mobile QQ.

One could tell from this that Ma had devised a full literature strategy based on a newly established business system. The system's rich content covered an entire industry chain, including the content and the users.

This huge structure had many obvious advantages. Firstly, in terms of the content, Tencent Literature covered both traditional and online works. By cooperating with its digital publishing platform and hundreds of publishers, it had formed a new strategic relationship that would advance online reading, without forgoing the promotion of traditional literature. In addition, Tencent Literature had also taken a huge progressive step in terms of user structure. It would provide its services to all QQ users, regardless of their age, gender or occupation.

Such personalized service standards helped Tencent integrate all of its PC and mobile gateways. The biggest advantage of the integration was that all the books' content, reading progress and user data could be updated concurrently, in order to ensure the user could read the most updated content on the mobile version.

In order to guarantee the quality of the work, Ma established the Tencent Literature Consultants Group, which consisted of the Nobel Prize winner Mo Yan and other famous authors such as Alai, Su Tong, and Liu Zhenyun, among others.

Ma did not focus only on literary contacts, however. Tencent also formed cooperative relationships with filmmakers such as the Huayi Brothers Media Group, aiming to transform successful works of Tencent Literature into movie projects.

Ma's new strategy in the reading area was essentially a brand new organization of Tencent's industry chain. By making use of the pan-entertainment strategic concept, he could perfectly integrate new structures within Tencent's internet business, building a holistic structure which revolved around intellectual property authorization of games, films, TV shows and anime.

12

CHAPTER

THE INNERMOST WORLDS OF THE PENGUIN EMPIRE

THE SECRETS OF MA'S RETIREMENT

On 15 February 2006, Ma resigned from his position as CEO. Liu Chiping who had previously worked as the strategic investment officer, took over Ma's role.

Ma explained the reasons behind the change: "In the past year, Mr Liu has contributed to our daily operation and management quite a lot. He is an important member of our management team. With Liu and his team's assistance, I will be able to put more energy into devising strategy and directions for the company and our products, providing better services to our users, while grasping the potential opportunities of the market."

Liu was indeed a very capable individual. By the time he was 25, he had received a Master's degree from Stanford and Northwest University. In addition, he had more than ten years' experience in stock issuance, M&A and management consultation. His only shortcoming was his unfamiliarity with instant messaging software. Liu used to be the executive director of the investment bank department in Goldman Sachs Asia, and first executive officer of its telecommunications and technology industry team. He had also spent some time working for McKinsey & Company in management consultation. From 2005, Liu began his job as the first strategic investment officer for Tencent, focusing on the guidance of strategy, investment and M&A. During this period, Tencent's stock price rose from ¥6 to more than ¥20, becoming the most valuable internet company in China.

Under Liu's control, the 'online life' strategy of Tencent had been fully enforced and had gradually progressed into instant telecommunications, online games, gateway websites, and even online businesses.

From Liu's point of view, 20% of a good enterprise depended on its strategy, and the rest was reliant upon the executive capacity of the company. It was exactly for this reason that Liu was determined to join the company, hoping to transform himself from an observer of the company's strategy, into an enforcer.

In 2005, Tencent changed its logo. At that time, the media opinion about this transformation was that it was merely a way for Tencent to celebrate the New Year. Ma would have to face new challenges as he changed roles and, in 2006, he explained that he believed the change of icon was a way for Tencent to expand its business. In so saying, Ma had revealed the truth: Tencent would continue to expand its business into areas beyond instant messaging (IM) software. Tencent had already realized some achievements in online gaming, gateway websites and online business areas, and had gradually transformed from a company making IM software to an online community company. At the same time, the employees of Tencent had increased to over 2,400, which presented new challenges for the company's HR department.

Ma understood clearly that Tencent would encounter new problems as it grew, and these problems would only be resolved properly if they could be diverted into different streams. With this knowledge, Ma had to focus his energy to push the penguin empire forward.

By resigning, Ma had also achieved another purpose: when a small company grows bigger, the leader's personal charisma will be less influential to the company's development as one individual's power is necessarily limited in order to remain effective within one particular stage of the company's development. When the company is bigger, what it needs is not to strengthen its personal power but transform from a model of individual heroism to a broader system of scientific management.

Ma's decision to resign related to his own character as well. Between 1998 and 2006, although Tencent had been expanding into new areas, it had been perfecting and regulating its existing services. It was the only company in China then to concentrate on IM software. In other words, instant communication has always been the focus of Tencent's business, and it would never be less important, even if other businesses were added. Essentially, this particular cultural system of being focused on the distinct area of IM software had gradually become part of Tencent's corporate culture.

Ma's resignation was intended to make Tencent into a community and a platform revolving around QQ, and to realize his grand strategy of an open internet. Users would be able to fully integrate their real life into their online life. This was no longer simply a concept: it was a matter of corporate spirit and faith.

TENCENT'S FIVE TIGERS NARROWED DOWN TO TWO

When Tencent was first established, the five founders had a relatively harmonious relationship. This was due to a reasonable distribution of interests and balance of power, and also owed much to their characters, which complemented each other. However, after some time working together, the founders encountered obstacles on each of their career paths. As a result, and harking back to the old adage that 'there is no endless banquet', three of the original founders left Tencent.

The first one to leave was Zeng Liqing, who began focusing on his investments. In 2007, Zeng officially resigned from his position in Tencent as COO, and became a lifelong honoured consultant for the company. The outside world speculated that the reason Zeng had left in 2007 was due to Liu Chiping's replacement of Ma's CEO position. Since Zeng used to be responsible for the daily operation of Tencent, if Liu became CEO, he would replace Zeng as well. As stated before, Zeng was sociable and extroverted, in stark contrast to Ma's more restrained character. Hence, considering the period of time the two worked together, it was inevitable that Zeng may have affected Ma's personal authority. Perhaps this was the reason behind Zeng's resignation.

Another founder of Tencent, Chen Yidan, left in March 2013, just as the company was issuing its financial report. Chen had been the CAO of Tencent since 1999, responsible for administrative, legal, human resources and charity work. Chen also dealt with matters related to intellectual property and government relations. During his 15 years at Tencent, Chen remained unobtrusive. Owing to Chen's proficiency in law, his contribution to Tencent – taking it from a small company to a globally famous large enterprise – was significant.

In Tencent, the general perception was that both Chen and Ma were the calm and considerate types. No matter what they did, they would always have a long-term plan. In addition to this, their skills complemented each other: Ma was outstanding in terms of products and technology, while Chen excelled in law and was able to quickly understand Ma's new ideas and strategies and provide practical advice.

Chen's resignation took place after talking with the other founders. Only after he had obtained their consent did he start to prepare for his resignation. After two years of preparation, waiting for the company business to become stable, he left. The manner of his resignation was typical of his composed and rational approach.

Similar to Chen, technology expert Zhang Zhidong was also an understated figure who barely had any public exposure. At Tencent, Zhang was entrusted with the role of executive director and CTO, focusing on developing patent technology for the firm, including the instant messaging platform and huge online application system. On 19 March 2014, when Zhang announced his resignation, many people within the company were disappointed.

QQ, which had been developed by Zhang, was now seen as a basic platform and therefore less important. WeChat, developed by Zhang Xiaolong, had become the new core of the business.

In addition, the online application system, which had previously been operated by Zhang Zhidong, had been replaced by newcomers. Zhang therefore felt that it was time for him to retire and to leave the future developments to the younger generation.

The job of the remaining founder, Xu Chenye, was to deal with issues in relation to the company funds, interactions with clients, and community and public relations. Interestingly enough, even though Xu was one of the founders, he was not a director, and was also one of the two founders who had the least shares.

Perhaps at the start of their entrepreneurship, nobody had considered resignation. However, it is inevitable that the passage of time leaves individuals with different experiences and priorities, and thus it was natural, that at various points, the founders chose different paths.

I NEED COPYRIGHT, TOO

After Tencent was sued by ICQ, patent and copyright issues became vitally important and Ma paid a great deal of attention to them. He knew that Tencent could not afford to make the same mistake again. In 2003, Tencent established an independent department – the Legal Department – to make use of the intellectual property law in protecting its interests. It recruited intellectual property rights researchers, lawyers and senior legal consultants.

The protection system built by Ma started from the beginning of all technology and product projects, as a tailored intellectual property protection strategy for each of them. In Ma's supply chain management system for new products, intellectual property rights evaluation was added before the product or new business was announced. In this way, they would be able to protect their new inventions from intellectual property rights infringements immediately.

After the creation of the new QQ icon, Ma sped up Tencent's protection over these artistic invention intellectual property rights, in order to avoid piracy.

Firstly, he worked on the common protection regime for commercial secrets and copyrights. Existing Tencent works, such as software codes and designs, were all to be covered by stringent protection measures. The aim was to keep their core commercial concepts and strategies secret, thus ensuring their competitiveness.

Next, he strengthened their copyrights and trademarks. In 2000, Tencent registered its cartoon penguin icon, one of their most important products. Tencent obtained full trademark registration for this, to prevent the theft of this muchloved image. At the same time, Tencent had put effort into protecting all of their core trademarks by applying for full trademark registration, forming a group of cartoon images centred on the penguin icon.

Finally, Ma confirmed the double protection strategy over patents and copyrights. Patent protection was managed by building a patent data management system and patent application tracing system; in this way, Tencent integrated their copyright protection and patent protection so that all applications were digitally managed. Through such steps, Tencent had become more systematic and regulated in its rights protection.

As Tencent received more and more benefits from intellectual property authorizations, Ma faced a new problem: how to efficiently manage the large number of rights. As is widely known, once an intellectual property right is authorized, the receiver enjoys total control over the right. If there is anything unclear in the contract, then the grantor may lose their say.

Ma gradually set up a QQ brand authorization model that fitted into Tencent's management characteristics. The model required that any product that used QQ's icon authorization, during the process of development, manufacture or sale, had to obtain Tencent's consent if the user wished to make any changes to the icon. All updated icons belonged to Tencent as intellectual property.

It may seem that Tencent's efforts to protect itself were merely reactionary after such a long period of ignorance. Actually this was an inevitable part of the company's development, and it simply happened to take place after the domain name lawsuit. It should be emphasized that Ma intended to protect Tencent's inventions by advancing his intellectual property strategies, as these would add value to Tencent's brand name. This was the most direct way to gain financial benefits.

Ma had consistently proven himself to be capable of learning from failures. He did not indulge himself in frustration, but instead took the opportunity to discover hidden commercial opportunities. Combining creativity and technology, he made QQ into a famous brand name. It was precisely because he had lost the case that Ma became more aware of the intellectual property rights that now lay at the core of the company's competitiveness.

MA'S DOUBLE-BLADE

As the founder of Tencent, Ma has been dubbed the 'Father of the Penguin'. He certainly has many traits that can be found among many other successful business people. However, there are two particularly significant aspects of his character that have been crucial to the development of Tencent: his manoeuvering against competitors and his ability to grasp opportunities. These twoprinciples became Ma's double-blade as he expanded the territory of the penguin empire.

Ma saw himself as a conservative man who did not favour taking risks. He used to say: "We will try some small innovation and experiments, but for bigger projects, like online games and online business, we will do some research first to know which of them are suitable for us. For example, if we think Taobao's model can bring out the advantages of a massive number of Chinese internet users, then our online business model will be inclined to learn from their model."

Ma recognized the importance of moving only after careful consideration. No matter what kind of decisions were made by Ma, he would first reflect upon how to synthesize the company's own learning cycle and the new industry's life cycle so that their project could progress smoothly.

Since the internet developed and evolved rapidly, it was often difficult to predict what would become popular. In this unpredictable situation, Ma had to be cautious and discreet as the leader of Tencent. It would be extremely costly if he ever made a wrong judgment, and so he had become more and more reluctant to be a pioneer. Instead, he hoped to rely on others' experience in considering whether he wanted to follow and learn from them before he entered the market. In this way, he could develop strong brand competition.

Although Ma preferred to strike later, he was good at grasping opportunities. Ma had said humbly in public many times that he was a lucky man because he had seized upon opportunities to make himself successful. Ma felt that his whole team, including himself, were not necessarily the smartest, but what they excelled in was grasping every chance that arose, and capitalizing upon it.

In 1995, Ma had first become aware of the internet, much earlier than many others. However it was certainly far from sufficient merely to know about the internet. One had to be sensitive to the overall development of the entire online world. Ma has shown himself to be exactly this type of man, possessing the strong technology acumen necessary to make the right commercial judgments, in order to predict future market trends.

His strength lay in his ability to make use of all the opportunities around him and create conditions to capture these chances. For instance, when there was a lack of computer experts, Ma made use of the geographical advantage of Shenzhen in order to seek talent and finance.

Apart from this, Ma possesses another skill for seizing upon potential opportunities. Before he makes any decision, he always considers every detail before becoming too deeply involved. Ma's pragmatism differentiates him from commercial gamblers, who recklessly bet everything they own. On the contrary, with meticulous consideration, he is able to put investors' hearts at ease with his commercial plans.

It is precisely because Tencent has grasped so many opportunities in internet development that it has risen to become the unquestionable king of instant telecommunications. It was Tencent who moved early to capture hundreds of millions users. Thus, the penguin empire grew stronger and stronger as its popularity and advantage became more and more significant. All of this should be attributed to Ma's wisdom in recognizing and grasping opportunities.

Owing to Ma's strategy of seizing opportunities, many competitors lost out to Tencent. As times change, so do technologies. From the internet to the mobile internet, from the PC to cell phones, the little penguin has experienced and grown through profound technological and cultural revolutions. Though the future may be unpredictable, the penguin empire will continue down its path of success towards its next victory, through the core value of 'communication'.

POSTSCRIPT

A SPEECH DELIVERED BY MA HUATENG

CONTINUOUS RENEWAL IN THE 'INTERNET +' AGE

Distinguished Director Ren, Academician Li and Wu, Deputy Mayor Chen, distinguished guests, welcome to the 'Internet+summit'! My colleague has told me that there are over 800 government officials, experts, partners, and journalists present today. My colleague also told me that it was extremely hard to get a ticket for the summit this morning, which made him change his WeChat name to 'ticketless'. But we are still going to have another four forums this afternoon to allow more friends to arrive, and thus we value the current opportunity to talk to everyone here.

I remember, as the host just said, that we announced the executive agenda for the 'Internet+' summit at the 'Two Sessions' held last year. After more than a year's preparation, we have more Internet+ achievements to report.

Last year, I used the idea of industry revolution as a metaphor for Internet+. For example, we experienced the first and second industrial revolutions with the age of steam and electricity; now this is the third industrial revolution, powered by information. If we treat the internet as a power source for industry, then I think it should be clear that the internet is essential for industrial development.

In the past year, several important areas – like telecommunications, finance, retail, online to offline (O2O) and traffic – have experienced significant changes. I wish to share with you some of my observations.

Take the conventional telecommunications area, where operators have already embraced new internet communications like WeChat. The whole industry has transformed, from consuming voice mail and texts to consuming data.

But we have also seen, during the past year, the social problems that can arise in this area, like the spread of illegal and harmful information that can occur due to the large volume of data transmission. We feel a strong sense of responsibility and pressure in relation to the security of the information transmission process. We also plan to crack down on illegal gambling on the platform.

Online finance has developed smoothly. However, there has also been lots of illegal fundraising occurring under the name of online finance. This requires special attention.

We don't even need to mention O2O. Many of the people present here are our partners and are successful in integrating online and offline businesses. In the past year and a half, the entire O2O business of China has undergone massive changes, whether it be www.58.com or Meituan and Da Zhong Dian Ping. Many new opportunities have also arisen, like the integration of Xie Cheng, Qu Na'er and Yi Long in the travel industry.

Regarding 'Internet+ traffic', we have seen competition and integration between Didi and Kuaidi and their yearlong competition with Uber, as well as major challenges from a policy-making perspective. For example, how does the 'Internet+traffic' model face the conventional taxi, and resolve the regulative and policy-making issues in this area? How do we deal with these conflicts?

While talking to Prime Minister Li Keqiang at a big data meeting in Guizhou, I provided bold advice while comparing ourselves with Alibaba: say if, ten years ago, a small shop owner on Taobao was outlawed for his lack of a business licence or inability to provide receipts, then we may not have Alibaba today; if, five years ago when WeChat was created, we shut it down simply because it had challenged the existing operators, then we would not have the current WeChat market. The Prime Minister agreed with me and said we should give these new things a second look. Regarding those problems that emerge during the development process, we need to figure out a solution. In the age of Internet+, we have encountered enormous challenges and difficulties.

Over the past year, we have made considerable progress in the city and public service areas, with strong support from government at all levels. I have been to more than ten provinces since last year to promote the Internet+ model. I have also taken part in many seminars to introduce this concept and its benefits to officials. Over the past year, we have seen great progress in public security, taxation, and many other areas, including medicine and education. We also have seen many creative new companies. We have made new partners in related areas, many of whom are present here.

I believe there will be many new opportunities in the Internet+ age. What Tencent should and should not do is very clear in the current environment. We are the connector, and we hope to connect service providers with customers and open up the massive data owned by the government. Actually, for the past decade, the government at all levels has already stored up a large amount of data – there is a broad foundation for us to develop.

First is the cloud storage service. Tencent has always been quite strong in this respect. However, in the past, we only focused on our inside industry and department system, which was not separated and kept open. This year, we will completely open up our capacity in this respect and commercialise it at the same time. It will be wrapped up as our product and offered to society, government, and our partners.

The second is the geographical information or location based services (LBS). LBS is a vital part of the future mobile internet. It is not a business or profit-making business in itself. Tencent has invested in maps. We are cooperating with our partner Didi, which manages more than 10 million rides every day with live traffic data and the amalgamation of millions of cars' location information. We are also working with Jingdong's who produce millions of daily deliveries and delivery information. All these partners are producers and users of LBS, let alone Meituan and www.58.com, which has tens of thousands of shops around the country. Even those small takeout and express delivery services can all share location information down to the smallest lane. It is an unprecedented infrastructure.

Third, our focus on security. For more than five years, we have spared no effort or cost when investing in security. In the age of mobile internet, our mobile security services have been recognized across the industry. Just two days ago, Apple granted Tencent the only security service recognition on WWDC, making their official recommendation to users based on Tencent mobile manager's harassment interception function. This is an extremely important recognition for China and the Tencent security team. In the future, we can filter spam texts and marketing calls directly on Apple smartphones. It was impossible in the past. We have many other areas that require infrastructure of this kind, including payment services.

Last year, I mentioned that we hope to work with the Economic and Information Committee in order to be able to collect information from all industries and around the country. It will be a driving force in promoting the development of Internet+.

The huge amount of data, including public accounts, already provides information from every industry. But we still find it insufficient. Therefore, we have communicated with tycoons individually through WeChat: people like Liu, Yao, and Wang Xing. I asked them whether they can share their retail, online business, traffic and O2O data. Last year, we were in different cities and talked about whether we could integrate our data, and generate a full picture GDP through intelligent weighted analysis.

At first I thought it might not be possible, because I was worried about the reliability of such data. However, after several months of effort, now I think our team will be able to offer results. Nevertheless, I wish that, in the future, we can make it more real-time in presentation, and see live changes every day.

I will not occupy any more of your time, since there will be four more forums this afternoon, plus my team will present more about the Internet+ index later.

To finish, I hope that this summit proves fruitful, and that the guests presented can contribute more good ideas to all of us. Thank you everyone.